Que están diciendo algunos ministros sobre este libro de Daniel King "El Poder de la Sanidad."

Me encantó este libro y creo que a usted también le va a encantar.
Marilyn Hickey - *Ministerios de Marilyn Hickey*

Daniel King está llevando a cabo este ministerio de sanidad. El está lleno de Cristo y tiene una pasión de compartir el amor de Dios en todas partes. Este libro le ayudara a edificar su fe en el Poder de Sanidad de Dios. **Billy Joe Daugherty** – *Victory Christian Center*

Conozco al Evangelista Internacional Daniel King personalmente. Es un honor ser su amigo y compañero en el ministerio. Hemos predicado y ministrado juntos la Palabra de Dios. Él es un hombre íntegro, humilde, apasionado por las almas perdidas y lleno del fuego del Espíritu. Él ha predicado alrededor del mundo y su meta es llevar a un millón de almas a conocer a Cristo cada año en sus cruzadas. Le recomiendo la lectura de este libro, pues éste le llevará a usted crecer, ser edificado y madurar espiritualmente en Cristo. Que las páginas de este libro le transforme las áreas de su vida y que también usted descubra su llamado, dones y ministerio.
Josué Yrion – *Josué Yrion World Evangelism and Missions*

Daniel King representa una generación de misioneros / evangelistas que están radicalmente comprometidos a servir a Dios y su propósito en esta tierra. Daniel trae una herencia espiritual tremenda a su ministerio, en la que la integridad y fidelidad son la norma. Su último libro "El Poder de la Sanidad" elevará su intimidad con Dios, aumentará la fe de su corazón y le dará una motivación mas fuerte para orar por las perso- nas que sufren. **Billy Allen** – *Iglesia de Cristo para las Naciones*

Daniel King en un gran hombre de valor. Dios lo está usando para traer sanidad a los enfermos y su libro "El Poder de la Sanidad" es el antídoto que necesitan los enfermos para recibir el poder de sanidad de Dios. **Tom Brown** – *Word of Life*

"El Poder de la Sanidad" sin duda será una herramienta importante para la cosecha global de estos últimos tiempos. Daniel King no solo ha presentando estas verdades sobre la sanidad, sino que las ha demostrado en su propia vida y ministerio. Prepárese para recibir un milagro al estar leyendo este libro poderoso! **Mike Francen** – *Francen World Outreach*

Este es uno de los mejores libros que he leído en el tema de la sanidad. **Mike Murdock** - *The Wisdom Center*

El Poder de la Sanidad

¡Experimentando el Toque Milagroso de Jesús!

Daniel King

A menos que indique lo contrario, toda la Escritura que se use para este libro será tomada de la Versión Reina Valera. Derecho de copiado 1973, 1978 y 1984 por la Sociedad Bíblica Internacional. Con el permiso de Zondervan Bible Publishers.

All rights reserved under International Copyright law. Contents and/or cover may not be reproduced in whole or in part in any form without the express written consent of the author.

El Poder de la Sanidad: ¡Experimentando el Toque Milagroso de Jesús!
ISBN: 1-931810-23-0

Copyright 2016 by:
Daniel King
King Ministries International
PO Box 701113
Tulsa, OK 74170
1-877-431-4276
www.kingministries.com

Contenido

Prefacio por Marlyn Hickey vii
Cartas para el lector ix
Introduccion xi
Usted Puede Ser Sanado! 1

El Poder Sanador de...
La Unción 6
La Compasión de Cristo 12
La Fe 15
El Pacto 24
La Expiación 27
Declaración Positiva 32
El Nombre de Jesús 35
La Palabra de Dios 40
La Oración 43
La Imposición de Manos 46
La Unción con Aceite 48
Los Dones de Sanidad 49
La Autoridad y El Poder 51
Reprender al Diablo 56
La Voluntad de Dios 59
La Presencia de Dios 62

La Historia de ...
El Rey Moribundo 64
La Sanidad de un Enemigo 67
El Sanador que Escupe 77
La Mujer que no Podía ser Sanada 79

Los Cuatro Amigos Llenos de Fe 82
Bartimeo el Ciego 84

Preguntas y Respuestas **88**
¿Qué provoca la enfermedad? 88
¿Provoca Dios la enfermedad? 94
¿Provocó Dios la enfermedad de Job? 96
¿Cuál fue el aguijón de Pablo en la carne? 97
¿Cómo puedo yo vivir una vida de integridad? 98
¿Por qué algunas personas pierden su sanidad? 99
¿Por qué algunas sanidades toman tanto tiempo? 101
¿Por qué algunos no son sanados? 103
¿Puedo tener fe en Dios y también ir a ver a los médicos? ... 107
¿La enfermedad tiene que ser parte de la muerte? 109
¿Puedo yo sanar a los enfermos? 109

Una historia de sanidad de 6,000 años **112**
Los 10 mejores Milagros en el Antiguo Testamento 112
Los Encabezados de los Milagros de Jesús 114
Los 10 Mejores Milagros del Nuevo Testamento 116
Los Milagros en la Historia de la Iglesia 118
Palabras de los Grandes Evangelistas Sanadores 124

Oración de Sanidad **128**

PREFACIO
POR MARILYN HICKEY

Como presidenta del consejo de la junta de gobierno de la Universidad de Oral Roberts, he podido ver, vez tras vez como Dios ha usado de una manera dramática a los alumnos de ORU en todo el mundo – especialmente en sanidad y milagros. Por medio de la herencia de su fundador, ORU continúa proporcionando sanidad divina para nuestro mundo.

Sanidad no es un sentimiento espiritual, de hecho y como cualquier verdad espiritual, está disponible para todos. Todo Cristiano tiene la sanidad en sus manos – para ser sanado o para traer sanidad a otros!

Daniel King un alumno reciente de ORU, ha tomado la verdad sobre la sanidad y la ha puesto en un libro muy emocionante. Este provocará que su fe brinque junto con usted para recibir milagros. Me encantó este libro y pienso que a usted también le encantará. Estoy segura de que soltará el "poder de sanidad" de Dios en su vida.

CARTA PARA EL LECTOR

Este libro tiene un solo propósito. Está diseñado para que la gente sea sanada. En estas páginas se revelan los secretos del poder sanador de Dios.

Mi meta es de edificar su fe para la sanidad. Si usted esta enfermo, yo quiero que use la verdad que está en este libro para recibir sanidad. Si conoce a alguna persona que esté enferma, yo quiero que usted le regale este libro a él o a ella. Si usted tiene hambre de la manifestación de la sanidad en su vida personal, yo quiero que usted aprenda a fluir en lo supernatural.

En este libro se encuentran algunos aspectos para poder lograr estas metas. Entre los cuales están los siguientes:

Los secretos del Poder de la Sanidad: Dios ha dado a la iglesia muchas herramientas para la sanidad. Yo explico de qué manera podemos usar cada una de estas herramientas para poder ser sano.

Historias de Sanidades: Algunas de las historias mas importantes de sanidad en la Biblia se vuelven a repetir. Al final de cada historia hay "Puntos de Poder" que explican conceptos de sanidad claves ilustrados en la historia.

Preguntas y Respuestas: Se contestan las preguntas que se hace con mas frecuencia sobre la sanidad.

Sección Adicional: 6,000 años de historia de sanidad.

Después de terminar de leer este libro, yo creo que su fe, con relación a la sanidad, crecerá de una manera espectacular. Yo espero oír todos los testimonios de sanidad.

Llevando el poder de la sanidad por todo el mundo.

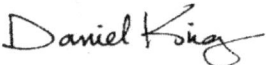

Introducción

- ¿Por qué creo en la sanidad? Yo tenía solo diez años cuando vi por primera vez el poder de sanidad de Dios. El niño tenía aproximadamente mi edad y estaba completamente sordo y mudo. Con una fe de niño yo oré por él, creyendo que Dios lo sanaría y Dios lo hizo! Esta era la primera noche que pasaba fuera de los Estados Unidos. Mis padres viajaban como evangelistas y nuestra familia tubo un descanso de dos semanas, por lo que decidimos ir en un viaje de misiones a México.

Esta era una experiencia especial. Nuestro Toyotita azul lleno hasta el tope de maletas y con toda la familia. Ninguno de nosotros, niños, habíamos salido del país, entonces estábamos tanto emocionados como inocentes. Después de cruzar la frontera, yo recuerdo que me desilusioné, pues ninguna de las personas Mexicanas traían los sombrerotes ni los ponchos.

No hablábamos nada de Español entonces mi padre sacó un diccionario Ingles-Español y empezó a enseñarnos palabras como "por favor" y "gracias". Aquellas pocas horas de capacitación en el idioma fue todo lo que tenía para prepararme a ser impulsado a un mundo en el que todos hablaban un idioma extranjero.

En aquel entonces las calles Mexicanas estaban algo primitivas. Con bordos, tierra y muy angostos. Después de manejar todo el día, llegamos a un pueblito en medio de la nada. Unos amigos nos habían dado direcciones y una carta de recomendación dirigida a un pastor en un pequeño poblado.

Encontramos la casa y tocamos la puerta. El pastor, que parecía tener por lo menos setenta años, abrió la puerta. Mi padre le entregó la carta de recomendación. El pastor la leyó y nos invitó a entrar.

El hombre hizo un gesto invitándonos a sentarnos en la mesa de la cocina e inmediatamente nos dio de comer. Al estar comiendo, personas del pueblo llegaron a ver quiénes eran los extraños. Después de vernos regresaron rápidamente a sus casas y regresaron con las manos llenas de comida y de mas familiares que querían ver a los extraños. En unos cuantos minutos la cocina estaba llena de personas que habían contribuido con el manjar.

Después de que terminamos de comer, el pastor le pidió a mi padre que predicara. Esto fue un dilema. Nadie sabía una palabra en Inglés. ¿Cómo podría uno predicar a puras personas Hispanohablantes si uno no habla nada de Español?

Bueno, a mi padre se le ocurrió una idea excelente. El abrió la Biblia y empezó a leer versículos en Inglés. El apunto a una cita y una de las mujeres que podía leer encontró el mismo versículo en su Biblia en Español. Ella lo leyó en voz alta a las personas que estaban amontonadas en la casa.

El tema del mensaje fue la sanidad. Mi padre leyó el Salmo 103:3 y la jovencita lo leyó en Español, Dios *"perdona todos tus pecados y sana todas tus enfermedades."* Después encontró 1 de Pedro 2:24 *"Por sus llagas has sido sanado."* Finalmente leyó varias sitas sobre cómo Jesús sanó a los enfermos. Para cuando terminó el sermón, habíamos leído casi todos los versículos sobre sanidad en la Palabra de Dios. Después de eso nuestra familia empezó a orar por los enfermos.

Un pequeño niño que parecía ser de mi edad, fue llevado al frente. Como era aproximadamente de mi estatura, yo le impuse manos. Cuando terminé de orar, empezó a hacer unos ruidos extraños con su boca. Cuando las personas escucharon estos ruidos, todos se emocionaron. Ellos empezaron a danzar y a glorificar a Dios. Gritos de "Aleluya" llenaron el cuarto.

Nuestra familia no sabía qué estaba pasando, pero nos unimos a la celebración. No fue hasta dos semanas mas tarde, cuando regresamos a los Estados Unidos, que descubrimos la magnitud del milagro. Les estábamos contando la historia a las personas que originalmente nos dieron la carta de recomendación y ellos se emocionaron muchísimo. Nos hacían preguntas. ¿Fue un pequeño niño de cabello obscuro? ¿Qué tipo de ruido hacia? ¿Cuál fue la reacción de las personas? Después nos informaron que el niño nació sordo y mudo. Nunca antes había hecho algún sonido. Pues esa noche Dios abrió sus oídos y soltó su lengua y había hecho ruido por primera vez en su vida!

Dios me usó como ese niño de diez años para llevar su poder de sanidad a un pequeño niño que desesperadamente necesitaba un toque de Dios. Qué experiencia! Desde entonces, he sido testigo de miles de milagros. He visto abrir los ojos que antes estuvieron ciegos, personas paralíticas caminar, dolores de cabeza crónicos desaparecer, cáncer desaparecer, enfermedades horribles de la piel limpias, oídos sordos oír y tumores desaparecer. Todos estos milagros me han convencido que el toque sanador de Dios está disponible a cada una de las personas que lo necesite! Todo lo que tiene que hacer es usar su fe para alcanzar y tocar a Dios!

¡USTED PUEDE SER SANO!

• ¿Comó puede saber que Dios le sanará? Yo tengo una hermosa primita que acaba de cumplir cuatro años. Ella es un bultito de gozo, energía y entusiasmo, pero puede ser algo difícil cuando juego con ella. Pues me agota después de diez minutos, no estoy seguro cómo pueden cuidarla sus padres.

Un día la estaba observando y me dijo que quería algo de comer. Yo le dije que tenía que esperar la hora de la cena, pero ella no estuvo de acuerdo conmigo.

"Yo quiero algo de comer."
"No, tienes que esperar, mas tarde."
"Daniel, yo quiero algo de comer ahora." "Echarás a perder tu apetito para la cena." "Quiero algo de comer!"
"No"
"Si"
"No"

Después de discutir con ella después de un rato, yo le pregunté. "Raquel, ¿por qué estas tan decidida a comer algo?" Con una lógica impecable de una niña de cuatro años, ella me explicó, "Porque mi papi dice que puedo." Después de esto, yo tuve que darle lo que pedía. Le di algo de comer.

No importaba lo que yo le pudiera decir, todo lo que importaba en su mente era lo que su papi le había dicho. Lo que yo pudiera decirle no tenía importancia, solo lo que su papi le había dicho es lo que realmente importaba en su mente. Su papi dijo que podía comer algo, por lo tanto ella no iba a desistir hasta que recibiera algo de comer. Realmente no importa lo que las personas que le rodean estén diciendo sobre su sanidad; Lo único que importa es lo que su Papi Celestial dice. "¿Por que va a ser sanado?"

"Porque mi papi dice que voy a ser sanado."

Si un padre terrenal dará buenos regalos a sus hijos, ¿cuánto más vuestro Padre que está en los cielos dará buenas cosas a los que le pidan?" (Mateo 7:11)

Dios quiere sanarle!

"¿Cómo sabe que la sanidad es para estos días?" Un hombre me hizo esta pregunta recientemente.

"Yo sé que la sanidad es para hoy en día puesto que Dios no cambia," le dije.

Todos los días cambia el mundo. (El cambio es una parte inevitable de la vida: las circunstancias cambian, las personas cambian de manera de pensar, los gobiernos cambian sus leyes y los negocios cambian de lugar.) En medio de todo este correr y movimiento mundano, solo hay una persona que no cambia. Dios no cambia. El declara, *"Yo el Señor no cambio"* (Malaquias 3:6). Si Dios sanó a los enfermos en el pasado, El sanará a los enfermos hoy.

Jesús, al igual que su Padre, tampoco cambia. *"Cristo Jesús es el mismo ayer, hoy y para siempre"* (Hebreos 13:8). Como Cristo sanó a los ciegos, cojos, leprosos y paralíticos cuando caminó por la tierra; El aún sana a los enfermos hoy.

Desdichadamente, algunos en la iglesia han cambiado el "Yo soy el Señor tu sanador" a "Yo fui el Señor que te sanó." Estas personas reconocen que Dios sanó en el pasado, pero se resisten a creer que El sana hoy. Yo quiero que usted crea que el poder de sanidad de Dios no esta en el pasado, es en el presente.

Santiago escribe, *"Amados hermanos míos, no erréis. Toda buena dádiva y todo don perfecto* [Incluyendo la sanidad] *desciende de lo alto, del Padre de las luces, en el cual no hay mudanza ni sombra de variación"*(Santiago 1:16-17). Durante una noche obscura las sombras cambian al salir la luna pero Dios no es como estas sombras que constantemente cambian , Él no cambia con el tiempo.

La sanidad es un buen regalo que viene de Dios. En este libro usted puede leer historias sobre la sanidad de Dios durante los tiempos del Antiguo Testamento, la sanidad de Cristo cuando el caminó sobre la Tierra, la sanidad de los apóstoles durante los primeros días de la iglesia, la sanidad de los creyentes durante la historia de la iglesia y sanidades que yo mismo he visto con mis propios ojos. Dios no cambia. Si Él sano a todas estas personas durante miles de años, Él está absolutamente dispuesto a sanarte ahora mismo.

También sé que la sanidad es para el día de hoy porque Dios no miente. *"Dios no es hombre, para que mienta, ni hijo de hombre para que se arrepienta. ¿Qué acaso El habla y después no obra? ¿Qué acaso Dios promete y después no cumple?"* (Números 23:19). La Biblia está llena de promesas sobre la sanidad y si Dios promete salud. El será fiel para cumplir Su palabra. La sanidad es para usted hoy. ¡Este es su día para recibir un milagro!

Espere recibir un toque milagroso

Recibir de Dios es como ser un recibidor en un partido de fútbol Americano. Cuando el mariscal de campo pasa el balón, el recibidor debe alcanzarla brincando hacia el cielo para pescarla. No importa qué tan bueno sea el mariscal de campo para aventarla, si el recibidor no la puede pescar y solo se queda parado sin hacer nada, el balón solo le rebotara en la cabeza. Dios ha aventado un excelente pase de sanidad hacia ti, levanta tus manos hacia el cielo para recibirlo ahora mismo. No permita que el enemigo le arrebate el balón de las manos. ¡Alcance y reclame lo que es suyo y corra hasta la meta para llenarse con un gol del Espíritu Santo!

El mundo está lleno de enfermedad, pero mientras vivan Cristianos en el mundo, no pertenecemos al mundo (Juan 15:19). Nuestra ciudadanía está en el cielo donde no existe el dolor o la enfermedad. Las bendiciones del cielo no tienen que esperar; usted puede disfrutar los beneficios del cielo hoy mismo aun cuando estamos aquí en el mundo. Dios quiere que Su *"voluntad sea hecha en la tierra como en el cielo"* (Mateo 6:10) Usted puede sobrepasar la enfermedad pues el que está en usted es mayor que el que está en el mundo (1 Juan 4:4).

¡Cristo es el mismo ayer, hoy y para siempre! Su toque es tan real hoy como cuando tocó los ojos del hombre ciego, cuando alcanzó al leproso, o cuando tocó la mano de la mujer con fiebre. Deje de leer por un segundo e imagine la mano de Jesús que le toca suavemente en la frente. Un toque de su mano ha sanado a miles y ese toque le puede sanar a usted. Recuerde, Cristo no estuvo enfermo ni un solo día de Su vida y nosotros debemos ser como Él.

La sanidad está en el corazón del ministerio de Cristo

Cuando Cristo vivió en la Tierra, El tenía un ministerio de tres fases que se componía de la predicación, la enseñanza y la sanidad. Cada uno de estos tres era un componente esencial del ministerio de Cristo. La predicación ministra al espíritu, la enseñanza alimenta el alma (la mente, la voluntad y las emociones), y la sanidad provee para el cuerpo.

La predicación anuncia la existencia del poder de Dios, la enseñanza explica la naturaleza del poder de Dios y los milagros son manifestaciones del poder de Dios. Los milagros de sanidad sirven como prueba de que el mensaje de Cristo es verdadero.

Este ministerio tripartita de Cristo se puede comparar a las tres dimensiones de un cuarto. El cuarto tiene altura, profundidad y anchura. Si cualquiera de estas tres dimensiones se elimina, entonces se queda con nada. De la misma manera, si se elimina la predicación del ministerio, es difícil ganar a las personas para Cristo. Si se elimina la enseñanza del ministerio, la mente de las personas no pueden entender el camino de Dios. Si la sanidad y los milagros se eliminan, entonces nos quedamos con un Dios sin poder. Todas estas son indispensables para una vida Cristiana completa.

La sanidad divina fué una parte esencial del ministerio de Cristo pues le dió validez a su mensaje. Con la sanidad, se prueba que las palabras de Cristo son las palabras del Dios mismo.

Thomas Jefferson uno de los padres fundadores de Estados Unidos, no creía en la sanidad sobrenatural. El escribió su propia versión del Evangelio en donde eliminó las historias de cuando Cristo sanó a la gente. Sin embargo, éste relato de la vida de Cristo casi no se recuerda el día de hoy pues esta enseñaza ética sin los milagros de Cristo no son nada mas que un lineamiento religioso sin poder.

La sanidad visible demuestra el milagro de la Encarnación. Cuando Cristo nació como un bebe, Dios se hizo hombre. Vistiéndose a sí mismo con una delgada capa de piel, Él tomó el dolor y el gozo de Su creación. Este evento estupendo marca la explosión del reino de Dios sobre un mundo que no lo esperaba.

La sanidad fue una parte importante del ministerio de Cristo pues Él quería que la gente fuera completa en: espíritu, mente y cuerpo. La sanidad es tan importante para Cristo el día de hoy como lo fue entonces cuando Él caminó sobre la Tierra. La sanidad está disponible para usted ahora.

Alistándose para su sanidad

La fe se desarrolla cuando la Palabra de Dios se hace real en nuestras vidas. Este libro está lleno de escritura. Todos los capítulos que he escrito tienen una cosa en común, encenderán su fe para la sanidad. Usted no tiene que leerlos en orden. Siéntase libre de brincar de un lado a otro. Pero, le animo a que le pida a Dios que aumente su fe al leer cada capítulo:

He identificado dieciséis maneras en las que puede ser sanado. ¿Por qué tiene Dios tantas maneras? Es porque Dios usará cualquier método que pueda para que Sus hijos reciban sanidad. He incluído en este libro la mayor información posible sobre cada manera en la que Dios escoge sanarle. Alístese, su sanidad pronto aparecerá!

El Poder Sanador de La Unción

Cristo estaba ungido para sanar. La unción es la manifestación de la presencia del poder de Dios y suelta poder sanador. La primera vez que Cristo enseñó en su pueblo de Nazaret, El leyó del libro de Isaías. Este fue el texto en esa ocasión especial, *"El espíritu del Señor está sobre mi, por cuanto me ha ungido..."* Cristo estaba ungido por el Espíritu Santo.

¿Por qué era importante esta unción? En el reino antiguo de Israel, los profetas derramaban una botella de aceite ungido (que representaba al Espíritu Santo) sobre la cabeza de la persona que Dios escogía para alguna tarea especial. Por ejemplo, un hombre que era llamado a ser rey era ungido para esta tarea especial de ser rey.

Bueno, Cristo fue ungido para una tarea muy especial. Vamos a leer el resto de este texto que leyó Cristo, *"El Espíritu del Señor está sobre mí, por cuanto me ha ungido para dar buenas nuevas a los pobres; me ha enviado a sanar a los quebrantados de corazón, a pregonar libertad a los cautivos y vista a los ciegos, a poner en libertad a los oprimidos y a predicar el año agradable del Señor"* (Lucas 4:18-19). Cristo fue ungido para predicar las buenas noticias, para proclamar la libertad a aquellos que se encontraban atados a una enfermedad, a sanar a los ciegos y para libertar a aquellos que estaban bajo la opresión de Satanás. En breve, Cristo fue ungido para traer sanidad.

Algunas personas piensan que la palabra "Cristo" no es mas que el apellido de Jesús, pero en realidad la palabra "Cristo" es un título que quiere decir "El Ungido." La unción era algo tan importante en

El Poder de la Sanidad

> **De la tragedia al triunfo.**
>
> Una mujer en Honduras compartió su historia trágica con nosotros. Estaba sentada en una silla de ruedas en el lado derecho de la plataforma. Ella reveló: "Una noche, hace once años, mi marido llegó a casa borracho y enojado. Él comenzó a golpearme con los puños. Me golpeó tan severamente que durante once años he sido incapaz de caminar ".
>
> Cuando yo predicaba acerca de como Jesús sana el enfermo, Dios comenzó a fortalezcer las piernas de la mujer. Con un gran acto de fe, ella se empujó a sí misma fuera de la silla de ruedas. Durante unos segundos, ella se tambaleó, pero luego dió un pequeño paso y otro paso. A los pocos minutos ella llegó corriendo en la plataforma gritando: "Jesús me sanó! Jesús me sanó! "

la vida de Jesús que cualquiera que lo conocía le llamaba "Jesús - el Ungido."

¿Cristo utilizó esta unción para sanar? En Hechos 10:38, descubrimos *"Dios ungió con el Espíritu Santo y con poder a Jesús de Nazaret, y cómo este anduvo haciendo bienes y sanando a todos los oprimidos por el diablo, porque Dios estaba con él."*

La palabra "opresión" que se usa en este versículo es una palabra común en el idioma Griego que se forma de la preposición *kata* que quiere decir, "abajo o debajo," y *dunasteuo* que quiere decir, "tengo poder o dominio." Por lo que esto se refiere a aquellos que se mantienen bajo el poder de Satanás. Usted puede entender el significado completo de la palabra si se puede imaginar al dueño de un esclavo que usa un látigo para forzar a un esclavo a que cargue una carga pesada. Al esclavo lo mantiene su amo bajo opresión.

La enfermedad es un cruel amo que oprime y esclaviza. Cristo vino a liberarnos de la esclavitud del pecado y de la enfermedad. Cristo es ungido para soltarnos de la carga de enfermedad.

La unción destruye la carga de la enfermedad

"Acontecerá en aquel tiempo que su carga será quitada de tu hombro y su yugo de tu cerviz, y el yugo se pudrirá por cuanto tú eres mi ungido" (Isaías 10:27) .

Durante los tiempos Bíblicos se usaban bueyes para trabajar los campos. Un yugo grueso se colgaba alrededor de sus cuellos y se les amarraba un arado al yugo. Durante horas sin fin, estos bueyes eran forzados a caminar por los campos cargando este gran peso y carga. El yugo representa un gran peso y carga. Isaías dice que el poder de la unción de Dios destruye el yugo. En otras palabras, la unción destruye y arruina todo peso y carga.

La enfermedad es una gran carga. Su cuerpo se siente como si estuviera cargando un gran peso, pero la unción de Dios tiene el poder de destruir el yugo de la enfermedad. Como leímos hace un momento, Cristo vino a predicar la liberación de los cautivos (Lucas 4:18). Los enfermos están cautivos por el yugo de la enfermedad, pero la unción de Cristo trae libertad de la cautividad de la enfermedad.

Nosotros podemos recibir la unción así como Cristo.

Si Jesús ya era Dios, ¿por qué podía necesitar una unción especial para sanar a los enfermos? Cristo era Dios, pero cuando vino a la Tierra, dejó su poder divino atrás. Sabemos esto por Filipenses 2:6-8, *"[Jesús], siendo en forma de Dios, no estimó el ser igual a Dios como cosa a que aferrarse, sino que se despojó a sí mismo, tomó la forma de siervo y se hizo semejante a los hombres. sino que se despojó a sí mismo, tomó la forma de siervo y se hizo semejante a los hombres."*

Desde que Cristo apareció en la Tierra como hombre. No podía hacer nada sobrenatural a menos que lo hiciera por medio del poder de la unción . Cristo no habló una sola palabra bajo su propio poder, sino que solo habló las palabras que Su Padre le dijo que dijera. *"... Las palabras que yo os hablo, no las hablo por mi propia cuenta, sino que el Padre, que vive en mí, él hace las obras"* (Juan 14:10). Las obras milagrosas de Cristo no fueron hechas bajo Su propio poder humano; fueron logradas por la unción del Espíritu Santo y la dirección de su Padre.

El Poder de la Sanidad

Cristo era el Hijo de Dios, pero sanó a los enfermos por medio de la unción del espíritu de Dios. Cada milagro que Cristo hizo lo hizo por medio del poder de la unción. Ahora, ¿está usted listo para recibir buenas noticias? Como Cristo desempeñó todos sus milagros como un ser humano ungido, nosotros podemos desempeñar los mismos milagros si estamos ungidos. Nosotros podemos ser ungidos de la misma manera que lo fue Cristo. El promete, *"De cierto, de cierto os digo: El que en mí cree, las obras que yo hago, él también las hará; y aun mayores hará, porque yo voy al Padre"* (Juan 14:12). Si somos ungidos con el mismo espíritu que lo fué Jesús, podemos hacer las mismas obras que El hizo y aún mayores.

Cuando Cristo comisionó a los doce discípulos, les encargó la misma misión que El había sido enviado a hacer. En Mateo 10:1, Jesús les da autoridad a los discípulos para sanar *"toda enfermedad y toda dolencia"* En Lucas 10:9, Jesús manda a los setenta a sanar a los enfermos. Una vez mas en Marcos 16:18, se les dice a los creyentes que si imponen manos sobre los enfermos, sanarán. En todos estos casos, los seguidores de Cristo reciben esta encomienda de hacer las mismas obras que hizo Cristo. Los discípulos recibieron la instrucción de predicar el mismo mensaje exactamente que predicó Cristo y fueron ungidos para llevar a cabo exactamente los mismos milagros que Él hizo. Como la autoridad dada a los discípulos se extiende a través de los siglos y ahora está en manos de cada creyente, la iglesia de hoy puede esperar los mismos milagros. La sanidad debe ser parte de la vida moral de todo cristiano.

¿Por qué cree que se nos dice cristianos? Recuerde que le dije que la palabra "Cristo" significa "Ungido." Esto significa que la palabra "Cristiano" se puede traducir como "pequeño ungido." Cómo cristianos estamos ungidos así como Cristo fue ungido!

Tres Hechos Sobre la Unción

1. La unción se puede medir

Elías pidió una doble porción de la unción de Eliseo y la recibió (2 de Reyes 2:9). Sabemos que el recibió la doble porción de la unción porque la Biblia lo documentó.

Cristo tenía la unción sin medida (Juan 3:34). Cualquier ser humano solo tiene una medida de la unción pues si tuviéramos la unción sin medida, nuestros cuerpos humanos no podrían con este poder. Cristo tenía todos los dones del espíritu y El fue ungido para todos los ministerios.

El día de hoy Dios unge a los líderes para un ministerio especial. Algunos son ungidos para ser pastores, otros profetas, algunos evangelistas, algunos maestros, algunos para ayudar a otros y algunos para administrar (Efesios 4:11; 1 de Corintios 12:28) pero solo Cristo fue ungido con todos los dones y llamados.

2. La unción se puede transferir

Cuando la mujer con el problema de sangre tocó la ropa de Cristo, ella instantáneamente sintió que el poder de sanidad entró en su cuerpo (Marcos 5:25-34). En otra ocasión, el poder de sanidad una vez mas fue pasado por un pedazo de tela que fue saturado por la unción. Esto pasó cuando el apóstol Pablo impuso sus manos sobre un pañuelo y estos pedazos fueron utilizados para sanar a los enfermos. La sanidad se paso de las manos de Pablo a la tela y de ahí a los que la necesitaban con desesperación (Hechos 19-12).

La iglesia en Antioquía impuso manos sobre Pablo y Barrabás y se transfirió la unción a sus vidas (Hechos 13:3). Mas tarde, cuando Pablo impuso manos sobre Timoteo el don de Dios (unción) fue pasada a la vida de Timoteo (2 de Timoteo 1:6). De estos ejemplos, podemos ver que la unción es transferible.

3. La unción es tangible
El poder de Dios se puede sentir en el cuerpo físico. Cristo sintió que el poder de la unción salió de su cuerpo cuando la mujer lo tocó y ella sintió que el poder entró a su cuerpo cuando fue sanada. La unción no es parte de la imaginación; se puede tocar se puede experimentar. En muchas ocasiones he sentido el poder de Dios en mis manos cuando estoy orando por las personas. Puedo realmente sentir la unción salir de mi cuerpo a la otra persona. En otras ocasiones, he sentido la unción como rayos eléctricos lanzados en un cuarto. Con frecuencia podemos sentir la presencia de Dios sobre un salón como nube sobre las cabezas del público.

El Poder de la Sanidad de La Compasión de Cristo

Mi hermano y yo íbamos camino a una reunión importante cuando vimos a un hombre anciano parado junto a la calle pidiendo que alguien lo llevara. El vestía ropa vieja pero planchada. Comentamos que alguien debería llevarle a donde necesitaba ir. Y de repente se nos ocurrió que debíamos ayudarlo. En la siguiente salida, nos regresamos a donde él estaba.

Cuando él estaba ya seguro en nuestro automóvil, nos dijo que tenía cuarenta y cinco minutos parado en el frío. Cientos de automóviles pasaron, pero nadie paró para ayudarlo. Un grupo de adolescentes había pasado y le había aventado una botellas de cerveza. El estaba en una ciudad que tiene una de las iglesias mas grandes del mundo, sin embargo nadie tenía tiempo de ayudarlo. ¿Por qué nos detuvimos a ayudarlo? Porque tuvimos compasión de el. Otras personas pueden haber tenido lástima de este hombre, pero esta lástima no los llevo a ayudarlo. Nosotros lo ayudamos, porque tuvimos compasión.

En las historias de misterio, los detectives buscan motivos que pueden tener los criminales que cometen el crimen. Si Cristo estuviera bajo juicio por sanar a los enfermos, su motivo sería la compasión. Una de las razones principales por las que Cristo ayudaba a la gente era porque estaba lleno de compasión.

El ministerio de sanidad de Cristo fluía de Su compasión. Un día, cuando Cristo salió de su bote, Él fue recibido por una gran multitud y *"tuvo compasión de ellos y sanó a los que de ellos estaban enfermos"* (Mateo 14:14). Cuando dos hombres ciegos llamaron a Jesús, El *"sintiendo compasión, les tocó los ojos, y en seguida recibieron la vista y lo siguieron"* (Mateo 20:34). Un leproso se arrodillo ante Jesús y le rogó que lo sanara, *"Jesús, teniendo misericordia de él, extendió la mano, lo tocó y le dijo: Quiero, sé limpio"* (Marcos 1:41).

En numerosas ocasiones, Jesús fue movido por compasión. La palabra griega para "compasión" es *splanchnos* que se refiere a un sentimiento interno profundo. Alguna vez ha experimentado un sentimiento tan intenso que lo sintió en la parte mas profunda de su estómago? Esta palabra es la máxima expresión para compasión en el idioma Griego y se utiliza muchas veces en los Evangelios para explicar la motivación de Cristo para sanar a los enfermos.

Jesús no solo sentía lástima por la gente, Él corregía sus problemas. La lástima nos hace sentir como que queremos sentarnos con la persona que está dolida y bañarnos en esta autolástima. Pero la compasión es diferente pues nos provoca a querer hacer algo para corregir el problema.

¿De donde venía la compasión de Jesús? La respuesta se encuentra en el Salmo 116:5, *"Nuestro Dios esta lleno de compasión."* Jesús estaba lleno de compa-

---

Valentino y su Padre

En la nación de República Dominicana, un argumento elaborado en una casa. "Yo no creo en Dios," declaró el padre de Valentino, "Mi hijo no va al festival de sanidad." Su esposa le rogó y suplicó: "Por favor, permítanos ir a la reunión. Nuestro hijo es sordo y mudo. Tal vez suceda un milagro." "¡Absolutamente no! Si no hay Dios, entonces no hay milagros tampoco. Valentino no irá esta noche ".

Sin embargo, en desobediencia directa, la madre y la abuela de Valentino lo sacaron de la casa y lo llevaron a la reunión. Uno de los miembros del equipo oró por Valentino, y para el deleite de todos Dios abrió le oídos, y el niño de ocho años de edad, comenzó a hablar por primera vez. Lo llevaron a la plataforma, y susurré al oído de Valentino, "Hallelujah", y el niño repitió la palabra, entonces la multitud enloqueció.

Al llegar a casa esa noche, Valentino saludó a su padre con una sonrisa enorme diciendo "papá" por primera vez. Con lágrimas en los ojos, el hombre duro y cínico que se negaba a creer en Dios, cayó de rodillas y dió su vida a Jesús.

sión pues Su Padre era compasivo. En su tiempo de oración privada, Jesús tomó la actitud de compasión de Su Padre por los enfermos. La sanidad en una representación visible de los sentimientos profundos de Dios con amor hacia la humanidad. Jesús sanó al hombre en la pila de Bethesda (Juan 5: 1-15) por esta compasión, no como respuesta a la fe del hombre. Esto nos explica por qué muchas personas que no son creyentes son sanadas, Dios simplemente tiene compasión de las personas que están sufriendo. Él sana a las personas por Su inmenso amor.

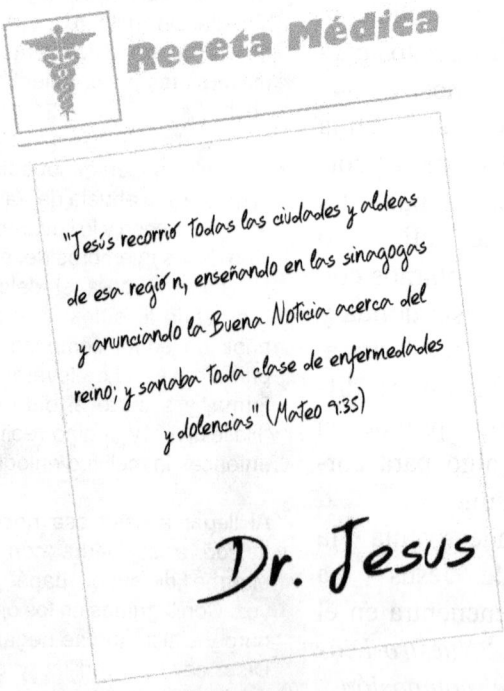

Receta Médica

"Jesús recorrió todas las ciudades y aldeas de esa región, enseñando en las sinagogas y anunciando la Buena Noticia acerca del reino; y sanaba toda clase de enfermedades y dolencias" (Mateo 9:35)

Dr. Jesus

El Poder Sanador de la Fe

*R*espondiendo *Jesús, les dijo: Tened fe en Dios. De cierto os digo que cualquiera que diga a este monte: "Quítate y arrójate en el mar", y no duda en su corazón, sino que cree que será hecho lo que dice, lo que diga le será hecho. Por tanto, os digo que todo lo que pidáis orando, creed que lo recibiréis, y os vendrá"* (Marcos 11: 22-24). De acuerdo a este versículo, usted puede tener cualquier cosa que pida en oración si es que tiene suficiente fe. "Cualquier cosa" ¿incluye la sanidad? ¡Claro! Santiago dice, *"la oración de fe salvará al enfermo"* (Santiago 5:15). La fe tiene un papel crítico en el proceso de la sanidad

¿Qué es fe?

Fe es confiar en Dios cuando no existe otra persona en quien confiar. La fe es confiar en Dios cuando está en un problema. La fe es confiar en las promesas de Dios. La fe ve lo invisible y cree lo imposible. La fe es la convicción que no importa cual sea la circunstancia, Dios cumplirá su palabra. Fe es saber, sin duda que Dios le sanará. Fe es creer en Dios más que en la enfermedad.

Yo estoy de acuerdo con Oral Roberts, "No hay cadenas que la fe no pueda romper, no cancele, ningún calabozo que no pueda abrir, ninguna enfermedad que no pueda sanar, ninguna victoria que no pueda ganar." F.F. Bosworth dijo, "La fe no espera que caigan las paredes; La fe grita hasta que caigan las paredes."

T.L. Osborn explicó, "La fe es creer que Dios hará lo que usted sabe que Él dijo que haría en su Palabra... Solo existen dos plataformas en las cuales se puede sostener: Una es creer y la otra, no creer. La Palabra de Dios es verdad o no. Dios hará lo que prometió o no lo hará. Sus promesas son confiables o no lo son." La fe en Dios si es un aspecto blanco o negro, no hay ninguna área gris que se pueda incluir al confiar en las promesas de Dios.

De acuerdo a Hebreos 11:1, *"Es, pues, la fe la certeza de lo que se espera, la convicción de lo que no se ve."* ¿Alguna vez ha leído una historia de detectives? Al examinar cuidadosamente el lugar de los hechos, el investigador reconstruye lo que ocurrió durante el crimen. Pequeñas pruebas proporcionan la evidencia de los eventos que no se ven. La fe es igual, proporciona la prueba absoluta de las cosas que no podemos ver. Bosworth dijo, "No es, como muchas personas que realmente no están pensando pero suponen, que se cree sin evidencia, sino que se cree por la más alta evidencia posible, la Palabra de Dios..."

Recientemente compré un boleto de avión. Cuando lo compré, no exigí ver el avión en el que volaría. Tuve fe que el avión estaría en el aeropuerto cuando se llegara la fecha de que yo tuviera que viajar. El boleto representa la promesa de la aerolínea. La fe es como ese boleto, es la sustancia que garantiza que la promesa de Dios se cumplirá. La fe es su boleto para la sanidad.

Nosotros debemos *"vivir por fe, no por lo que vemos"* (2 de Corintios 5:7). La fe es similar a el título de una propiedad que nunca ha visto. Una vez que el título de una propiedad le pertenece, la propiedad también le pertenece. Usted puede decir con seguridad, "Yo soy dueño de esta propiedad" aún si nunca la ha visto.

Bosworth cree que a la fe se le puede también decir "sexto sentido," Al usar la fe, sentimos cosas en el aspecto espiritual. Cuando sentimos alguna cosa por fe, no necesitamos experimentarlo con los otros sentidos para saber que es verdad. Esta verdad se demuestra cuando pensamos en la manera en que usamos los otros sentidos. Cuando vemos un edificio que está a cierta distancia, no duda de su existencia hasta que está lo suficiente cerca para tocar o probarlo. No, usted cree que esta ahí aún cuando solo uno de sus sentidos confirma que es real. De la misma manera, si su "sentido de la fe" le informa de su sanidad, no necesita esperar hasta que los otros sentidos también lo perciban para saber que su sanidad es real. Eventualmente, podrá tocar, probar, ver, escuchar y oler lo que su fe le ha estado diciendo desde un principio.

¿De dónde viene la fe?

Jesús es tanto *"el autor como el consumador"* de nuestra fe (Hebreos 12:2). Jesús es la fuente de nuestra fe, El es el objeto de nuestra fe y El es quien garantiza nuestra fe.

El Apóstol Pablo escribió, *"La fe viene del oír el mensaje, y el mensaje se escucha por medio de la Palabra de Cristo"* (Romanos 10:17). En los Evangelios, la sanidad venía a los enfermos cuando escuchaban la predicación de Jesús y cuando lo veían sanar enfermedades. Cuando Jesús sanaba a los enfermos, *"Se difundió su fama"* (Mateo 4:24). Cuando las multitudes escucharon los reportes de que Jesús tenía la 'habilidad de sanar', se encendió la fe en sus corazones para creer en su propia sanidad.

La fe se enciende cuando escuchamos la Palabra de Dios. Primero escuchamos y después recibimos la sanidad. Cuando escuchamos predicaciones llenas del Espíritu Santo esto produce fe y la fe produce sanidad. Al escuchar reportes de la 'habilidad de sanar' de Jesús, la fe crece en nuestros corazones para creer en la sanidad. Dios ya ha dado una medida de fe a cada persona (Romanos 12:3), pero entre más escuchamos la Palabra de Dios, más crece nuestra fe.

Pablo predicó la *"palabra de fe"* (Romanos 10:8), y como resultado pudo experimentar muchos milagros en su ministerio. Cuando enseñaba, sus palabras creaban fe en las personas que le escuchaban, esto permitía que Pablo demostrara el evangelio con el poder del Espíritu (1 de Corintios 2:4).

La fe es esencial para un milagro de sanidad

Definitivamente necesitamos fe. Repetidamente la Biblia confirma este punto con este versículo, *"el justo por la fe vivirá"*

(Habakkuk 2:4; Romanos 1:17; Gálatas 3:11; Hebreos 10:38). Aquellos que estén bien ante Dios deben vivir por fe. Usted vive o muere basado en su nivel de fe en Dios. Pues *"sin fe es imposible agradar a Dios porque es necesario que el que se acerca a Dios crea que él existe y que recompensa a los que lo buscan"* (Hebreos 11:6).

Dios siempre se mueve como resultado de la fe. Dios no hace acepción de personas, El acepta la fe. El centurión le dijo a Jesús, "Solo di las palabras y mi siervo será sano." Y así fue, Jesús lo encontró en el punto de su fe cuando él dijo, "será hecho así como has creído." El siervo del hombre fué sano esa misma hora. El dirigente de la sinagoga le pidió a Jesús que impusiera sus manos en su hija y en el momento que Jesús tocó a la niña, ella se levantó de los muertos. Así como Jesús respondió a la fe de estas personas desesperadas, el poder de Dios le encontrará en el punto de su fe.

La fe es el ingrediente principal del milagro de sanidad. Desatar su fe desatará el poder de sanidad en su cuerpo. En cuanto suelte su fe, Dios soltará al milagro.

Dios moverá el cielo y la tierra por la fe. Smith Wigglesworth dijo, " Hay algo cuando se cree a Dios que provoca que Dios pase por encima de millones de personas para llegar a usted." La fe moverá a Dios para actuar de su parte.

Existen dos tipos de personas: aquellas que dicen, "Lo creeré cuando lo vea," y aquellos que saben que verán en cuanto lo crean. La fe y el poder van juntos como la mano en el guante. El poder de Dios es el guante y la fe es la mano que activa el guante. El poder está inactivo hasta que la fe está presente.

Si no pone a trabajar su fe, su fe no trabajará

La fe es como un músculo, entre más se usa mas crece. La fe no es fe hasta que tome acción. *"Así también la fe, si no tiene obras, está completamente muerta"* (Santiago 2:17). La fe sin obras esta muerta. "La fe inactiva" es una contradicción. De hecho la fe sin

El Poder de la Sanidad

obras no se le puede llamar fe. Cuando los cuatro hombres bajaron a su amigo por el techo, Lucas dice que Jesús *"vio su fe."* En otras palabras, él notó alguna acción física que demostró su fe. Ellos actuaron sobre su fe, y Jesús lo noto (Lucas 5:17-26). Es importante actuar sobre la fe. La mujer con el sangrado actuó con su fe cuando en desesperación empujó a la gente y tocó el manto de Jesús. El hombre ciego actuó sobre su fe cuando caminó hacia Jesús. Usted pone su fe en acción cuando mueve su cuerpo de manera que no podía hacerlo antes. Si usted tiene una brazo paralizado, intente moverlo. Si no puede caminar, levántese y empiece a caminar. Si tiene un tumor en su cuerpo, ponga su mano sobre el tumor y empiece a orar. Actúe sobre la fe ahora mismo tomando un paso hacia Cristo.

Yo le animo a hablar palabras de fe, confíe en fe, actúe por la fe, viva por fe, y muévase por fe. ¡Su fe es la clave para su sanidad!

Cuatro Niveles de Fe

1. Gran fe (Mateo 8 : 5-13)

Cuando Cristo entró a la ciudad de Capernaum, Él vió uno de los hombres más odiados en la ciudad caminar hacia Él. De la perspectiva Judía, el hombre tenía tres cosas en su contra. Primero, el era Gentil; Segundo, el era un soldado; y tercero, no solo era un soldado, el era el Comandante de el ejército Romano. Él no era el tipo de persona con la que la mayoría de los Judíos se querían relacionar, sin embargo Jesús se detuvo y habló con él.

El centurión le pidió a Jesús que le ayudara, "Señor, yo tengo un siervo en mi casa que está paralizado y está sufriendo de gran manera."

Después el soldado dijo otra cosa que impresionó a Jesús, "Señor, yo no merezco que tú vengas a mi casa. Pero solo di la palabra, y mi siervo será sano. Pues yo soy un hombre bajo autoridad, con soldados bajo mi autoridad. Yo le digo a uno, 'Ve, y él va; y al otro, 'Ven,' y él viene. Yo le digo a mi siervo, 'Has esto,' y lo hace."

El centurión era un hombre que caminaba con gran autoridad y reconocía la autoridad de Jesús. El podía mandar a sus soldados a que hicieran cosas simplemente ordenándolo con una sola palabra, y el tenía una gran fe en la habilidad de Cristo para sanar con solo hablar una palabra.

Cuando Jesús escuchó esto, Él estaba impresionado y dijo a los que le rodeaban, "De cierto les digo, Yo no he visto a nadie en Israel con esta gran fe." En el Griego original de la historia de la mujer Cananea (Mateo 15:28), Jesús dice que esta es una gran fe, excelente fe, una fe tamaño extra-grande. Su fe era más grande que la fe de todos los Israelitas que el había conocido.

Jesús estaba tan impresionado con la fe del centurión que Él le dijo, "Ve! Será hecho como has creído." En el momento en que Jesús habló esta palabra, ¡el siervo fué completamente sanado!

2. Fe Normal (Mateo 9; 27-30)

Luego, después de que Jesús resucitó a la hija de Jairo de los muertos, dos ciegos lo siguieron. En su desesperación, ellos clamaron, "Ten misericordia de nosotros, Hijo de David!"

Jesús les preguntó, "Ustedes creen que Yo soy capaz de hacer esto?"

"Si, Señor." Dijeron los hombres ciegos.

Jesús tocó sus ojos y dijo, "Hágase de acuerdo a su fe." Al escuchar estas palabras, la fe saltó en sus corazones, y su vista fue restaurada. Estos dos hombres escucharon reportes sobre el poder sanador de Jesús. Al escuchar el testimonio de otras personas que habían sido sanadas, nació la fe en ellos, Jesús los encontró en su fe y fueron sanados.

El Poder de la Sanidad

3. Poca fe (Mateo 8 23-27)

Después de un largo día de predicar y sanar, Jesús se fué en un barco y sus discípulos lo siguieron. Los discípulos rápidamente remaban reflexionando sobre el día tan ajetreado. De repente, sin advertencia, apareció una gran tormenta. Cayó lluvia, sopló el viento, y las olas empezaron a golpear el barco, llenándolo de agua.

Asustados, los discípulos voltearon a Jesús para recibir ayuda. Para su asombro vieron que Jesús dormía. Los discípulos alegaron sobre qué hacer, pero cuando otra ola entró en el barco se asustaron. Uno de los discípulos empezó a sacudir a Jesús. Cuando Jesús abrió sus ojos, ellos le dijeron, "¡Señor, sálvanos!¡Nos estamos hundiendo!"

Jesús vió el temor en sus ojos y dijo, "Ustedes hombres de poca fe, ¿por qué temen?" Entonces se levantó reprendió al viento y a las olas, e inmediatamente se calmó el mar.

Jesús usó la palabra "poca" para describir la fe de los discípulos en su situación. Esta palabra puede significar, pequeña, microscópica y poca. Jesús estaba decepcionado por su falta de fe. A pesar de las horas que pasó enseñándoles sobre la fe y a pesar de los cientos de milagros que habían visto los discípulos, aún no podían tener simplemente confianza en la protección de Dios.

La fe de los discípulos fue substituida por el temor, que es exactamente lo opuesto a la fe. Ellos estaban más enfocados en el viento y las olas, que en el poder de Dios. Ellos tenían una fe pequeña pues permitieron que el temor dominara sus pensamientos. Cuando viene el temor, la fe se va. Gran temor es igual a poca fe. En donde existe la fe, no existe el temor y donde existe el temor, no existe la fe.

Yo creo que cualquier acción que no se basa en la fe es pecado. Mantenga su fe manteniendo sus ojos en Jesús. No voltee a ver el viento o las olas de su vida; sino que vea al Señor.

El temor destruirá su fe diciéndole mentiras. Dice, "Usted morirá de esta enfermedad. Usted nunca podrá recuperarse. Dios no está interesado en sanarle." Jesús neutralizó el temor de los discípulos al reprender el viento y las olas. Nosotros podemos destruir el temor reprendiéndolo y citando la Palabra de Dios.

La siguiente vez que el temor lo ataque, repita estos versículos,

* *"Porque no nos ha dado Dios espíritu de cobardía, sino de poder, de amor y de dominio propio. "* (2 de Timoteo 1:7)

* *"Él te librará del lazo del cazador, de la peste destructora. Con sus plumas te cubrirá y debajo de sus alas estarás seguro; escudo y protección es su verdad"* (Salmo 91: 3-4)

En otras ocasiones los discípulos estaban tratando de sanar a un niño que sufría de ataques. Debido a que tenía estos ataques, el niño frecuentemente caía en la fogata o en el agua. Cuando los discípulos le preguntaron a Jesús por qué no pudieron sanar al niño, Jesús tuvo que sanar al niño poseído con un demonio. Mas tarde sus discípulos le preguntaron a Jesús por qué ellos no pudieron sanar al niño. Jesús culpó esta inhabilidad en la "poca fe," pero después El les aseguro, *"...De cierto os digo que si tenéis fe como un grano de mostaza, diréis a este monte: "Pásate de aquí allá», y se pasará; y nada os será imposible"* (Mateo 17:20). La semilla de mostaza es una semilla pequeña, pero crece a ser una de las plantas mas grandes. Jesús está diciendo que aún una pequeña fe puede producir milagros.

4. Nada de fe (Mateo 13: 54-58)

Jesús quería ministrarle a las personas en Su pueblo. Con ternura recordaba los muchos años que pasó en Nazaret donde vivió y trabajó. Estas eran las personas con las que jugó como niño. El había reparado sus muebles al trabajar en el taller de carpintería de su padrastro. El había hablado con ellos, los había visto en el mercado y se había sentado con ellos en la sinagoga. A Jesús le interesaban sus amigos y conocidos y el Sábado por la mañana, le pidió al rabino si le peritía hablar.

Al empezar Jesús a enseñar, las personas de Su pueblo estaban maravilladas. Un hombre le preguntó a otro; "¿De dónde saca este hombre tanta sabiduría y este poder milagroso? ¿Qué no es éste el hijo del carpintero?" Otro decía. "¿Qué no es Maria su madre, y que no son Santiago, José, Simón y Judas sus hermanos? ¿Qué no están todas sus hermanas entre nosotros? ¿De dónde pues saca este hombre todas estas cosas?" Y se molestaron con El.

Jesús estaba desilusionado y les dijo: "No hay profeta sin honra, sino en su propia tierra y en su casa."

Esta historia tiene un triste final. Aún cuando Jesús quería bendecir a las personas del pueblo en el que creció, *"... no hizo muchos milagros ahí por su falta de fe"* (Mateo 13:58). Ellos no tenían la fe para creer en los milagros, pues rehusaron aceptar que Jesús era el Hijo de Dios. Marcos 6:5 nos dice *"no pudo"* hacer muchos milagros ahí por su la falta de fe. Su falta de fe previno que Jesús los sanara. Imagínese como se sintió Jesús cuando salió de ese pueblo.

El Poder Sanador
Del Pacto

Después de que los Israelitas fueron rescatados de Egipto, Dios hizo un pacto de sanidad con ellos. En este pacto de salud, Dios les aseguró a los Israelitas que si permanecían obedientes, también permanecerían sanos. ¿Cuál era el significado de este pacto? Durante los tiempos Bíblicos, los pactos eran extremadamente importantes. Representaban un acuerdo legal de por vida entre dos personas. El día de hoy lo más cercano a esto es el pacto del matrimonio. Cuando un hombre y una mujer se casan, ellos se prometen amor y apoyo mutuo para el resto de sus vidas.

El Señor declaró, *"Si escuchas atentamente la voz de Jehová, tu Dios, y haces lo recto delante de sus ojos, das oído a sus mandamientos y guardas todos sus estatutos, ninguna enfermedad de las que envié sobre los egipcios traeré sobre ti, porque yo soy Jehová, tu sanador"* (Éxodo 15:26) Algunas personas que estudian la Biblia creen que esto se debe de traducir, "No permitiré ninguna de estas enfermedades que permití en Egipto." Las enfermedades que atacaron a Egipto no fueron el resultado de las acciones malévolas de Dios, sino que fueron el resultado de la desobediencia del Faraón.

Los términos del pacto de salud de Dios eran simples; si obedecen a Dios caminarán en salud. Dios les prometió, *"Pero serviréis a Jehová, vuestro Dios, y él bendecirá tu pan y tus aguas. "Yo apartaré de ti toda enfermedad"* (Éxodo 23:25). Dios garantizó que no habría enfermedad entre Sus hijos como respuesta a su adoración sincera. Mas tarde Dios reafirmó Su pacto, *"Apartará Jehová de ti toda enfermedad"* (Deuteronomio 7:15).

Sabemos que Dios cumplió su promesa pues años más tarde los Israelitas seguían cantando canciones de los tiempos de los milagros divinos en el desierto, *"y no hubo en sus tribus enfermo"* (Salmo 105:37) Cuando los tres mil Israelitas salieron de Egipto, no había enfermos o débiles entre ellos. Fue un período de salud milagrosa. Cero enfermedad, cero discapacitados, cero ciegos; todos los hijos de Abraham eran sanados por el poder de Dios.

Desafortunadamente, los Israelitas no cumplieron su parte del pacto. Ellos no cumplieron su promesa y empezaron a desobedecer a Dios. Esto fue una gran tragedia.

Todos los pactos tienen beneficios si es que las dos partes cumplen su promesa y castigo si uno de los dos no cumple sus promesas. El pacto que hizo Dios con los Israelitas no es diferente. En Deuteronomio 28 vemos una lista de bendiciones cuando obedecemos los mandamientos de Dios. Esas bendiciones incluyen la prosperidad abundante, salud divina y protección.

Sin embargo, también hay castigos (llamadas maldiciones) cuando desobedecemos, estos castigos incluyen una larga lista de enfermedades incluyendo: calentura, inflamación, enfermedades debilitantes, ampollas, tumores, comezón incurable, locura, ceguera, confusión, y todo tipo de enfermedad. La enfermedad es parte del castigo cuando desobedecemos a Dios.

Jesus sanó a mi bebé ciego

En Juba, Sudán, miles de personas fueron estrechados fuertemente alrededor de la plataforma. De repente, observé a un bebé que se pasaba de mano en mano por encima de la multitud, y en unos momentos, el bebé fue ubicado en el escenario. Sin saber por qué el bebé fue pasado adelante. Cogí el bebé en mis brazos y comencé a mecerlo, el niño me miró hacia arriba, y vi los ojos marrones brillantes clavados en los míos. Veinte minutos más tarde, la madre del niño había logrado abrirse paso entre la multitud para reclamarlo.

Le pregunté: "Mamá, ¿por qué usted envío su bebé al frente?" Ella respondió: "Mi bebé estaba ciego de ambos ojos, pero después de la oración por los enfermos, mi hijo está sano y puede ver!"

Jesús quita la maldición

Jesús vino para liberarnos de la maldición! *"Cristo nos redimió de la maldición de la Ley, haciéndose maldición por nosotros"* (Gálatas 3:13). Jesús murió en la cruz para pagar el precio del pecado. El tomó la maldición del pecado y de la enfermedad sobre Su propio cuerpo, y ahora somos libres de la maldición. Jesús quitó la maldición y en su lugar puso la bendición de Abraham para todos los que tienen fe (Gálatas 3:14)

Dios originalmente hizo su pacto con los Israelitas, pero por medio de Jesús su pacto ha sido extendido a todos los que creen. Pablo dijo, *"Sabed, por tanto, que los que tienen fe, estos son hijos de Abraham"* (Gálatas 3:7). Esto quiere decir que de acuerdo con el pacto de Dios, nosotros podemos caminar en salud divina si obedecemos a Dios.

Este pacto de salud no se puede romper, es para siempre. Dios prometió, *"No olvidaré mi pacto ni mudaré lo que ha salido de mis labios"* (Salmo 89:34) Mientras nosotros cumplamos con nuestra parte de pacto obedeciendo a Dios, El cumplirá con Su parte del pacto y nos sanará.

El Poder Sanador de La Redención

La sanidad y la salvación están muy relacionadas. Cuando Jesús murió en la cruz, El pagó el precio tanto por nuestra salvación como por nuestra sanidad. La iglesia se ha enfocado en el milagro de la salvación, pero salvación solo es una parte del regalo sin precio que Jesús compró con Su sangre. La sanidad también es parte la redención.

¿Que es la redención? El precio del pecado es muerte; por lo tanto, cada vez que una persona peca el precio debe de pagarse en sangre. En el Antiguo Testamento Dios les dijo a los Israelitas que usaran los sacrificios de animales para pagar por nuestros pecados. Cuando Jesús murió en la cruz El fué el máximo sacrificio, y Su sangre pagó el precio por nuestros pecados. Por lo tanto, el término "redención" se refiere al trabajo de Cristo en la cruz que pagó por todos nuestros pecados y curó todos los efectos del pecado incluyendo la enfermedad.

Como dice el Salmo 103:3, Dios *"..Perdona todos nuestros pecados y sana todas nuestras enfermedades."* El perdón y la sanidad son inseparables. Son como los dos lados de la misma moneda. Antes de que Jesús sanara al hombre paralítico que bajaron por el techo, El perdonó sus pecados. En el ministerio de Jesús tanto el perdón como la sanidad son esenciales.

Este versículo prueba que la salvación y la sanidad están relacionados. *"La oración de fe salvará al enfermo, y el Señor lo levantará; y si ha cometido pecados, le serán perdonados"* (Santiago 5:15). Note que la oración de fe sanará al enfermo, y provocará el perdón de pecados. ¡La misma oración produce tanto salvación de los pecados y sanidad de enfermedades!

La palabra en Griego para "salvación" es *sozo*. Esta palabra importante contiene el significado de dos palabras en Inglés. Se puede traducir ya sea como "salvación" o "sanidad". Vamos a ver dos versículos en los que se utiliza esta palabra. Cuando Jesús sanó a la mujer con problema de sangre El le dijo. *"Tu fe te ha sanado [sozo]"* (Marcos 5:34). Antes de que Jesús ascendiera al cielo le dijo a sus discípulos, *"El que crea...será salvo [sozo]"* (Marcos 16:16). Estos dos versículos tienen la palabra *sozo*; El primero traduce *sozo* como sanidad y el segundo traduce *sozo* como salvación.

Sozo contiene dos significados poderosos. Si ignoramos parte del significado en cualquiera de los contextos, perdemos parte de lo que los autores del Nuevo Testamento están tratando de decir. Yo creo que casi cada vez que esta palabra se encuentra en la Biblia, se debe de traducir tanto como sanidad como salvación. Vamos a incluir los dos significados en algunos de los versículos populares para ver como se traduce en bendición para nosotros.

* Cuando Jesús sanó a diez leprosos, solo uno de ellos regresó a darle las gracias. Jesús le dijo, *"Levántate, vete; tu fe te ha salvado y sanado"* (Lucas 17:19).

* *"Y todo aquel que invoque el nombre del Señor, serán salvos y sanos"* (Hechos 2:21).

* *"Y en ningún otro hay salvación y sanidad, porque no hay otro nombre bajo el cielo, dado a los hombres, en que podamos ser salvos y sandados"* (Hechos 4:12).

* *"Por gracia sois salvos y sandados por medio de la fe; y esto no de vosotros, pues es don de Dios"* (Efesios 2:8).

* Dios *"quiere que todos sean salvos y sanos y vengan al conocimiento de la verdad"* (1 de Timoteo 2:4).

Si incluimos todo el significado de la palabra sozo en las traducciones, podemos descubrir algunos pasajes poderosos de sanidad. Jesús está en el negocio de salvar a las personas del pecado y sanar a las personas del efecto del pecado. Su título "Salvador del mundo" también significa "Sanador del mundo".

Jesús llevó nuestros pecados y nuestras enfermedades
La sanidad tiene una parte igual a la de la redención como el perdón de nuestros pecados. Isaías enfatiza este hecho en su maravillosa profecía sobre el Mesías. El dice, *"Ciertamente llevó él nuestras enfermedades y sufrió nuestros dolores, ¡pero nosotros lo tuvimos por azotado, como herido y afligido por Dios! Mas él fue herido por nuestras rebeliones, molido por nuestros pecados. Por darnos la paz, cayó sobre él el castigo, y por sus llagas "* (Isaías 53: 4-5).

Cuando Isaías dice que Jesús "llevó" nuestras enfermedades el usa la misma palabra en Hebreo *nasa* que usa en Isaías 53:12 para decir que Jesús "llevo" el pecado de muchos. Muchas iglesias predican sobre Jesús llevando nuestros pecados en la cruz, pero no todas las iglesias predican la verdad que Jesús también llevó nuestras enfermedades cuando murió en la cruz. El llevó nuestra tristeza y nuestro dolor, nuestras enfermedades y todos nuestros pecados en la cruz. El murió en nuestro lugar y llevó todas las enfermedades en su cuerpo. Jesús es nuestro substituto; pues por sus heridas, nosotros podemos ser sanos.

Este versículo se confirma en el Nuevo Testamento. Mateo 8: 16-17 reporta muchas sanidades que llevó a cabo Jesús y explica, "para que se cumpliera lo dicho por el profeta Isaías: *"Él mismo tomó nuestras enfermedades y llevó nuestras dolencias."* Como Jesús llevó nuestras enfermedades una vez, no hay necesidad de que nosotros las llevemos de nuevo.

Pedro también cita Isaías *"Él mismo llevó nuestros pecados en su cuerpo sobre el madero, para que nosotros, estando muertos a los pecados, vivamos a la justicia. ¡Por su herida habéis sido sanados!"* (1 de Pedro 2:24). Pedro pone la promesa en el tiempo pasado que quiere decir que ya a sido sanado. Hace dos mil años que fue sanado, el precio ya fue pagado, ahora todo lo que tiene que hacer es reclamar lo que es verdaderamente suyo. Satanás no tiene derecho de poner enfermedad en usted. Usted ya es sano.

El poder sanador de la sangre

Es por las heridas o *"azotes"* de Jesús que somos sanos. Los azotes que Jesús tomó sobre su espalda fueron dolorosos. Los soldados Romanos lo amarraron a un poste y le dieron treinta y nueve latigazos con uno esos chicotes para la tortura. Este látigo de cuero tenia varias extensiones a las que les ponían vidrio, piedras filosas y pedazos de metal. El látigo literalmente arrancaba la piel de la espalda de Jesús y para cuando terminaron los latigazos, su espalda debe haber parecido carne de hamburguesa cruda. Jesús pasó por este dolor y humillación por nuestra sanidad. Así es que no me diga que la sanidad es un asunto secundario para Jesús. Al sufrir un dolor tremendo, El pagó un alto precio para comprar nuestra sanidad.

La sangre que derramó Jesús en la cruz pagó el precio por nuestros pecados. La sangre que derramó Jesús cuando ese látigo estaba pegando en su cuerpo pagó nuestra sanidad. Las dos son partes esenciales de la redención.

Como cristianos, cuando celebramos la comunión es para recordar lo que Jesús logró en la cruz. El vino representa la sangre que El derramó que fue para la remisión de pecados. El pan representa el cuerpo que fue molido para nuestra sanidad física. Pablo le dice a la iglesia en Corinto que algunos estaban enfermándose y aún muriendo porque estaban tomando la comunión de manera "indigna." Quizás muchos de ellos se estaban enfermando porque no reconocían que el cuerpo del Señor fue herido por su sanidad.

Cada cristiano es parte del cuerpo de Cristo. Si una parte del cuerpo esta dolido, el cuerpo completo está dolido. Cuando tomamos la comunión, somos parte del cuerpo de Cristo. Como Jesús quiere que todo su cuerpo este sano, la comunión es una manera poderosa de tocar su poder sanador.

Hoy en día algunos no reciben sanidad porque no entienden completamente el significado completo de la redención. Jesús pagó el precio tanto para nuestro perdón como para nuestra sanidad, pero algunos solo tienen fe para recibir perdón por sus pecados. Es como si Dios le hubiera dado a la iglesia un árbol de Navidad con muchos regalos debajo de el, pero algunos miembros de la iglesia solo escogieron abrir el de la "salvación." Dios ha proporcionado la sanidad para todo creyente, pero algunos dejan el regalo de la "Sanidad" debajo del árbol sin abrir. ¡Es tiempo de abrir todos los regalos de Dios! El profeta dijo, *"Sáname, Jehová, y quedaré sano; sálvame, y seré salvo, porque tú eres mi alabanza"* (Jeremías 17:14).

> **Sano de un mal en la espalda**
>
> Un hombre en Tulsa, Oklahoma, dió este testimonio: Yo tuve un accidente en auto recientemente, mi carro fue chocado por otro vehículo, y el resultado fue que mi espalda quedo muy dañada. Los doctores dijeron que mi situación no tenía esperanza, pero después de escuchar las enseñanzas de Daniel King por una semana, el dolor se ha ido y mi espalda ha sido completamente sanada.

Como no se ha predicado la sanidad tanto como la salvación, la fe para la sanidad no se ha encendido en muchos corazones. Pero, yo creo que todo esto va a cambiar. Cuando mas ministros prediquen sobre la sanidad, yo creo que la iglesia experimentará milagros de sanidad mayores que nunca!

El Poder Sanador de la Confesión Positiva

¿Sabía usted que todas las palabras que salen de su boca son importantes? Las palabras que confiesa con su boca pueden traer sanidad o muerte y destrucción. En Proverbios 18:21 dice, *"La muerte y la vida están en poder de la lengua"* Las realidades de mañana se encuentran en la semilla de las palabras de hoy.

¿Qué tan importantes son las palabras que habla? Romanos 10:9 dice, *"Si confiesas con tu boca que Jesús es el Señor y crees en tu corazón que Dios lo levantó de entre los muertos, serás salvo"* Al hablar estas palabras de el Señorío de Cristo en su vida recibirá la salvación. Pablo sigue diciendo, *"porque con el corazón se cree para justicia, pero con la boca se confiesa para salvación"* (Romanos 10:10). La confesión de su boca trae salvación.

La confesión también es una parte vial para recibir sanidad. Su lengua tiene el poder de vida o muerte. Si usted habla palabras positivas de vida, será lleno de vida supernatural.

La confesión es usar las palabras de Dios para describir su situación. Cuando Dios ve su dolor, Él dice, "Por las heridas de Cristo habéis sido sanados." En el momento que Dios nota su enfermedad, Él declara, "Yo mandé mi palabra y los sanó" En cualquier momento que Dios escucha que alguna persona clama para recibir ayuda, Él responde, "Yo soy Jehová, tu sanador"

La confesión es mencionar con la boca lo que cree en su corazón. Jesús dijo, *"Porque de la abundancia del corazón habla la boca"* (Mateo 12:34). Pablo dice, que la palabra de fe debe de estar en su corazón y en su boca (Vea Romanos 10:8). La mejor manera para tener la palabra de fe en su boca es hablando la palabra de Dios.

No es una mentira hipócrita cuando confiesa su sanidad cuando aún este enfermo. En los ojos de Dios, su sanidad ya se llevó a cabo, y al hablar palabras de fe en lugar de palabras de duda, está de acuerdo con la autoridad mayor. Si una persona le pregunta cómo se siente, dígale, "El poder sanador de Dios esta obrando en mi cuerpo."

Esté de acuerdo con Dios y diga, "Soy sanado por sus heridas" (1 de Pedro 2:24); Dios está enviando su palabra para sanarme (Salmo 107:20); mi sanidad aparecerá pronto (Isaías 58:8); esta enfermedad no terminara en muerte (Juan 11:4) Dios está quitando esta enfermedad de mi (Exodo 23:25); Yo sirvo a un Dios que está sanando todas mis enfermedades (Salmo 103:3)

La confesión trae posesión

Si confesamos las promesas de Dios esto nos traerá posesión de Sus promesas. Diga lo que dice Dios. Declare la verdad que Dios ya ha declarado. Use sus labios para declarar la voluntad de Dios para su vida. Hable las palabras de fe, no de duda.

Es imposible ser levantado mas allá de lo que confesamos. Su vida será elevada o bajada al nivel de sus palabras. Si hablamos palabras de duda eliminamos a Dios y empezamos a permitir que Satanás entre a nuestras vidas. Bosqorth dice, "la enfermedad logra dominio cuando confesamos el testimonio de los sentidos. El sentimiento y la apariencia no tienen lugar en el ámbito de la fe. Confesar la enfermedad es como firmar cuando recibimos un paquete por correo. Satanás usa ese recibo mostrando que lo ha aceptado."

Si un cartero entregara un paquete con víboras de cascabel en su casa, no tiene que aceptarlo. El cartero tratará de que usted firme de recibido pues su nombre está en el paquete, pero si usted no firma, no tiene que aceptarlo y el cartero tendrá que llevarse el paquete. Gordon Lindsay dice, "Los síntomas pueden aparecer, pero no tiene que aceptarlos."

Si confesamos palabras de duda es como si estuviéramos firmando de recibido la enfermedad que Satanás esta tratando de entregarnos. Si usted se rehúsa a confesar que está enfermo, está rechazando el paquete de Satanás. No dé lugar a Satanás; nunca acepte nada que él le traiga.

Cuando un policía arresta a las personas forzosamente tiene que decirle, "cualquier cosa que usted diga pudiera ser usada en su contra." Las palabras de las personas pueden usarse como evidencia durante su juicio. ¿Si sus palabras son importantes en el sistema de este mundo, cuánto más importantes serán en el ámbito espiritual?

Aquellos que pueden resistir a Satanás lo hacen *"por medio de la sangre del Cordero y por la palabra de sus testimonio"* (Apocalipsis 12:11). Es como si estuviera en un juicio espiritual. Satanás, es el abogado acusador, que ha dicho palabras horribles de enfermedad en su contra. Jesús, el abogado defensor, que ha dicho palabras de vida a su favor. El juez está preguntando, "¿Cuál es su ruego?" Si sus palabras están de acuerdo con las mentiras de Satanás, usted será llevado en cautividad, pero si sus palabras están de acuerdo con las palabras de Jesús, usted será liberado!

"¿Cómo se declara?" El juez pregunta de nuevo.

"Yo declaro la sangre de Cristo que me sana de toda enfermedad," usted responde.

Cae el mallete. Se cierra el caso. ¡Usted es sano por su confesión!

El Poder Sanador del Nombre de Jesús

El nombre de Jesús es sobre todo nombre. El nombre de Jesús es mayor que el cáncer, la diabetes, el artritis, SIDA, enfermedades cardiovasculares, infecciones, ceguera, sordera y cualquier otra enfermedad que se pueda mencionar. Esta historia del libro de los Hechos en los capítulos 3 y 4 demuestra el poder del nombre de Jesús mejor que cualquier otra en la Biblia.

Un día Pedro y Juan iban camino al templo a orar, cuando vieron a un hombre que había estado paralítico desde su nacimiento. Todos los días este hombre se sentaba en las puertas del templo pidiendo dinero.

"Deme algo de dinero, por favor deme algo de dinero," pidió el hombre cuando vió a Pedro y a Juan.

Los dos lo vieron y Pedro dijo, "¡Voltea a vernos!" Emocionado, el hombre le puso toda su atención, pues esperaba que le dieran algunas monedas.

Entonces Pedro le dijo, "Oro o plata no tengo..."

La cara del hombre se callo, "Qué suerte tengo de pedirle a un hombre pobre dinero," pensó a si mismo. Pero después se abrieron sus oídos cuando se dio cuenta que Pedro no había terminado de hablar.

"...pero lo que tengo te doy. En el nombre de Cristo Jesús de Nazaret, levántate y camina," le ordenó Pedro. Él no tenía dinero para darle, pero el poseía el poder sanador que está en el nombre de Jesús.

De repente el hombre paralítico sintió que la sangre le circulaba en las piernas. El pudo sentirlas por primera vez en años. El volteó hacia arriba y vió a Pedro con su mano extendida y sin pensar extendió su mano y se levantó. Inmediatamente sus pies y tobillos se fortalecieron.

Tomó un primer paso titubeando, después tomo otro paso y otro. ¡El estaba caminando! Empezó a caminar mas rápido, después trató de brincar. Finalmente corrió alrededor del patio del templo gritando "Gloria a Dios," y mostrándole a todos como podía caminar y brincar. La multitud en el templo estaba maravillada pues reconocían al hombre que estaba paralizado.

Pedro le pidió a la multitud que vino corriendo, "Hombres de Israel, ¿por qué les sorprende esto? ¿Porque nos ven como si nosotros mismos hicimos caminar a este hombre por nuestro propio poder? Por medio de la fe en el nombre de Jesús este hombre que ven y conocen fue fortalecido."

Cuando empezaron a alabarlos, estaban molestos porque los apóstoles estaban hablando sobre cómo Jesús resucitó de los muertos. Le ordenaron al capitán del templo que los arrestara. El siguiente día todos los líderes, ancianos y maestros de la ley le preguntaron a Pedro y a Juan, "Por qué poder o bajo que nombre sanaron a el hombre paralítico?" Estos hombres sabían que Pedro no tenía poder propio, por lo que le preguntaron para poder descubrir con qué poder se hizo el milagro.

"Es por el nombre de Cristo Jesús de Nazaret, a quien ustedes crucificaron pero a quien Dios resucitó de los muertos, que este hombre está aquí delante de ustedes sano," respondió Pedro. "No hay salvación en nadie más, pues no hay otro nombre dado a los hombres por el que podamos ser salvos."

Los líderes estaban muy molestos porque los apóstoles estaban predicando y sanando a las personas en el nombre de Jesús, entonces les ordenaron que no hablaran o enseñaran en el nombre de Jesús. Pero en una reunión de oración más tarde ese mismo día, Pedro desobedeció sus órdenes y le pidió a Dios, "Extiende tu mano para sanar y llevar a cabo señales y prodigios milagrosos por medio del nombre de tu santo siervo Jesús." Después de orar, el Espíritu Santo descendió y todos los que estaban en la reunión empezaron a hablar la Palabra de Dios con gran valor. Cuando predicaban, muchas personas en la ciudad de Jerusalén fueron salvos y sanos por el poder del nombre de Jesús.

Después de algunas semanas, los líderes arrestaron a los apóstoles de nuevo y los acusaron, "Les dimos órdenes estrictas que no enseñarán en este nombre, sin embargo continúan predicando y sanando a las personas en el nombre de Jesús." ¿Por qué continuaban predicando los apóstoles en nombre de Jesús aun cuando se les había advertido no hacerlo? Era porque conocían que el poder que existía en el nombre de Jesús. Pedro se rehusó a dejar de usar el nombre de Jesús pues recordaba las palabras de Jesús, *"...De cierto os digo, Mi Padre les dará lo que pidan en mi nombre. Hasta ahora no han pedido nada en mi nombre. Pedid y se os dará y su gozo será completo"* (Juan 16: 23-24).

Existe poder infinito en el nombre de Jesús pues Su nombre representa la omnipotencia de Dios. Cuando un embajador habla con el líder de otra nación, las palabras del embajador están respaldadas por todo el poder de su nación pues el esta hablando en nombre de su nación. Cuando un Cristiano habla en el nombre de Jesús, el creyente esta respaldado por todo el poder del cielo pues somos embajadores de Cristo (2 de Corintios 5:20). Como Cristianos, nosotros no tenemos la habilidad de sanar enfermedades, sino que actuamos bajo la autoridad de Jesús. Toda nuestra autoridad viene cuando actuamos bajo la autoridad de Jesús.

Carta Poder

Si usted va en un largo viaje internacional, usted le puede dar a su amigo un "poder" sobre sus negocios personales. Esto le da el poder legal a su amigo para que él lleve sus asuntos durante su ausencia. Él o ella tienen la habilidad de usar sus cuentas bancarias, pagar sus cuentas, vender su propiedad y firmar sus contratos por usted. Su amigo o amiga está actuando de su parte, en su nombre y bajo su autoridad. La firma de su amigo(a) tiene todo el poder de su firma.

Cuando Jesús dejó la tierra, Él le dió a los Cristianos la "Carta Poder" sobre Sus asuntos. Esto quiere decir que podemos hacer todo lo que Jesús hizo, Jesús nos dió la autoridad de usar su nombre! Cuando oramos, no estamos pidiendo de acuerdo a nuestra autoridad, sino de acuerdo a la autoridad de Jesús.

Se nos ha dado instrucción especifica de usar el poder del nombre de Jesús cuando oramos por los enfermos. Jesús dijo, *"Estas cosas acompañaran a los que creen: En mi nombre ...impondrán sus manos en los enfermos, y sanaran"* (Marcos 16:17-18).

La "Carta Poder" solo vale lo que valen los activos que respaldan el nombre. ¿Qué activos representa el nombre de Jesús? El nombre de Jesús es sobre todo nombre. Un día toda rodilla se doblará al oír Su nombre (Filipenses 2: 9-10). El nombre de Jesús es sobre todo demonio. El nombre de Jesús es sobre toda enfermedad. El nombre de Jesús es sobre todo nombre que se ha pronunciado.

Su nombre representa *"gran poder incomparable para todo aquel que cree"* (Efesios 1:19). Tanto la salvación como la sanidad se encuentran en el nombre de Jesús. *"todo aquel que invoque el nombre del Señor, será salvo"* (Hechos 2:21). No hay otro nombre bajo el cielo dado a los hombres por el cual podamos ser salvos (Hechos 4:12). ¿Usted quiere ser salvo de todo pecado? Clame en el nombre de Jesús. ¿Quiere ser sanado de toda enfermedad? Clame en el nombre de Jesús. El nombre de Jesús representa toda la provisión, sabiduría infinita, poder completo y completa sanidad. El nombre de Jesús puede producir cualquier cosa en el universo.

Cuando un policía lo multa, no está actuando bajo su propia autoridad. Una vez que éste ya no está en su trabajo no tiene ningún derecho de detenerlo por exceso de velocidad, pero cuando esta vestido con su uniforme, él está actuando en nombre del gobierno. Cuando nosotros estamos vestidos con el poder del Espíritu Santo,

El Poder de la Sanidad

no estamos caminando bajo nuestra autoridad insignificante, sino que el la autoridad de Jesús. Cuando usamos el nombre de Jesús, caminamos con toda la autoridad de Jesús. Es como si Jesús mismo estuviera presente. Cuando dos o mas están reunidos en el nombre de Jesús, El está en medio de ellos (Mateo 18:19- 20).

Jesus dijo, *"Todo lo que pidáis al Padre en mi nombre, lo haré, para que el Padre sea glorificado en el Hijo. Si algo pedís en mi nombre, yo lo haré"* (Juan 14:13-14).

El Poder Sanador de la Palabra de Dios

En el principio era la Palabra. La Palabra estaba con Dios y la Palabra era Dios. Jesús, La Palabra de Dios, se hizo carne y habitó entre nosotros. Dios mando Su Palabra para sanar nuestras enfermedades (Salmo 107:20). Cuando la Palabra encarnada caminó en la tierra, El sanó enfermedades.

Dios envió a su Hijo con este propósito, pero dejó Su Palabra escrita para toda la eternidad. Trate la Palabra de Dios con el mismo respeto que trataría a Jesús si Él caminara entre nosotros. La palabra tiene el mismo poder de sanar hoy como Jesús tenía cuando Él estaba físicamente presente. Originalmente la palabra fue creada cuando Dios dió la orden. *"Por la fe comprendemos que el universo fue hecho por la palabra de Dios, de modo que lo que se ve fue hecho de lo que no se veía"* (Hebreos 11:3). Si la palabra de Dios puede crear las grandes galaxias, entonces puede crear la células de nuestro cuerpo.

La palabra de Dios trae sanidad. El Sabio Rey Salomón dice que las palabras de Dios *"...son vida para aquellos que la encuentran, y salud para toda su carne"* (Proverbios 4:22) El salmista canta *"...Tus palabras me han dado vida"* (Salmo 119:50).

La palabra de Dios es tanto un arma defensiva como ofensiva. En Efesios 6, descubrimos que la fe es como un escudo capaz de detener cualquier dardo del enemigo. Bueno, ¿de dónde vienen la fe? La fe viene de oír la palabra de Dios. En cuanto escucha la palabra de Dios se convierte en un escudo de defensa que lo protege de del ataque de Satanás.

A la palabra de Dios también se le llama la Espada del Espíritu (Efesios 6:17). El Cristiano que habla la palabra de Dios con valentía es como el héroe antiguo que esgrime su espada en grandes arcos en contra de su enemigo. La palabra es un arma filosa y efectiva. Cuando usted habla la palabra de Dios destruye las obras de Satanás. La palabra es viva y poderosa. Dios garantiza personalmente Su palabra. Toda palabra que Dios ha pronunciado se cumplirá. Todas las promesas de Dios son "Si" y "Amén." Cuando Dios lo habla, es así.

La palabra de Dios está establecida para toda la eternidad en los cielos (Salmo 119:89), y Él cuida para asegurar que Su palabra se cumpla (Jeremías 1:12) La palabra es eterna, no cambia, es la voluntad de Dios. *"La palabra del Señor permanece para siempre"* (1 Pedro 1:25), nunca pasará (Mateo 24:35). Las buenas noticias son que la palabra de Dios no cambia como las malas noticias en los periódicos. Cada día tiene un nuevo encabezado, pero la palabra de Dios no cambia y pasa la prueba de tiempo: sólida e inconmovible. La palabra de Dios es mas sólida que el reporte del médico con respecto a su salud. El reporte del médico puede cambiar, pero la palabra de Dios nunca será alterada.

Una palabra de Dios cambiará su vida para siempre

Solo está a un versículo de recibir su sanidad. Si solo toma una promesa de Dios y se la memoriza, la confiesa y la toma como suya, puede ser sano.

Déjeme compartir una historia con usted que muestra el poder de una palabra. Una noche Jesús les dijo a Sus discípulos que fueran en una barca y cruzaran al otro lado del mar. Más tarde, cuando Jesús quería alcanzarlos, Él caminó sobre las aguas a su barca. Los discípulos tuvieron miedo y pensaron que era un espíritu que se acercaba a ellos. Conociendo Jesús su temor, les dijo, "¡Tened ánimo!; Yo Soy."

Pedro, siempre el que tenía que tomar acción, contesto, "Señor, si eres tú, ordena que yo vaya a ti." Jesús le contestó una simple palabra, "Ven." Inmediatamente, Pedro brincó fuera del barco y caminó hacia Jesús.

Cualquiera de sus discípulos pudo haber caminado en el agua. Jesús no dijo, "Pedro, ven" El simplemente dijo, "Ven." Todos los discípulos pudieron haber brincado del barco para jugar un partido de fútbol en el agua solamente basado en esa palabra. En los sermones con frecuencia criticamos a Pedro por hundirse después de haber quitado sus ojos de Jesús, pero necesitamos disculparlo; él fué el único discípulo con suficiente valor para salir del barco y poner el pie en el agua. Por lo menos tuvo la fe de intentar caminar en el agua, los otros discípulos solo se quedaron

El Poder Sanador de la Oración

*E*stá alguno enfermo entre vosotros? Llame a los ancianos de la iglesia para que oren por él, ungiéndolo con aceite en el nombre del Señor. Y la oración de fe salvará al enfermo, y el Señor lo levantará; y si ha cometido pecados, le serán perdonados. Confesaos vuestras ofensas unos a otros y orad unos por otros, para que seáis sanados. La oración eficaz del justo puede mucho" (Santiago 5:14-16).

Hay muchos elementos de la sanidad en este pasaje: llamar a los ancianos de la iglesia, ungir con aceite, orar en el nombre de Jesús, la oración de fe o el poder de confesar pecados. Pero el elemento que quiero enfatizar ahora es un ingrediente importante en el proceso de la sanidad. Este elemento vital es la oración.

La oración del justo es poderosa y efectiva (Santiago 5:16). Las oraciones de los justos agradan a Dios (Proverbios 15:8) El Señor escucha las oraciones de los justos (Proverbios 15:29) Los ojos del Señor están sobre los justos y sus oídos están atentos a sus oraciones (1 de Pedro 3:12) Esto significa que las oraciones de las personas que están bien ante Dios pueden lograr grandes milagros.

La oración literalmente abre las puertas del trono de Dios. Alguien dijo, "La cantidad de poder en tu vida está determinado por los cayos en sus rodillas." A mi me gusta decir, "Si quiere sentir su sanidad, se necesita hincar para detener a Satanás de robar su sanidad." La oración tiene el potencial de mover el cielo y la tierra por usted. John Wesley dijo, "Parece que Dios estuviera limitado por nuestra vida de oración – El no puede obrar por la humanidad a menos que alguien se lo pida."

¿Que es la oración? La oración es simplemente hablar con Dios. Es comunión con su Padre Celestial. La oración es la evidencia de su confianza en Dios. F.B. Myer declaró, "La gran tragedia de la vida no es la oración no contestada, sino es la oración no ofrecida." No hay nada mas grande que hablar con el Creador del universo.

> **Ecografía demuestra que los tumores se han ido**
>
> Una Mujer en Bello Horizonte, Brazil, testificó, Los doctores encontraron 4 tumores en mis ovarios, después del servicio de anoche oré y le pedí a Dios que me sanara. Esta mañana, visité el doctor para otra ecografía, y él descubrió que los tumores desaparecieron completamente.

El salmista dijo, *"Mas ciertamente me escuchó Dios; atendió a la voz de mi súplica. ¡Bendito sea Dios, que no echó de sí mi oración"* (Salmo 66:19-20). Jesús prometió, *"Y todo lo que pidáis en oración, creyendo, lo recibiréis"* (Mateo 21:22), y de nuevo, *"todo lo que pidáis orando, creed que lo recibiréis, y os vendrá"* (Marcos 11:24)

Cada vez que Satanás ataque su mente con pensamientos de duda, defiéndase acudiendo al Señor en oración. *"Por nada estéis angustiados, sino sean conocidas vuestras peticiones delante de Dios en toda oración y ruego, con acción de gracias"* (Filipenses 4:6). No se preocupe por la enfermedad. Traiga su petición de sanidad ante el Señor por medio de la oración, de gracias por su sanidad, y será sanado. Yo estoy de acuerdo con William Branham, "Aquel que no conoce la oración no conoce el poder."

Cuatro maneras para orar por sanidad

1. Orara por usted miso.

Edificando su fe por medio de oración personal es el secreto para obtener y mantener su sanidad.

2. Pida a un miembro de su familia que ore por usted.
La oración de un padre es especialmente efectiva cuando oran por sus hijos pues Dios les ha dado autoridad para resistir los ataques de Satanás en sus hogares.

3. Llame a los ancianos de la Iglesia para que oren por usted.
"¿Está alguno enfermo entre vosotros? Llame a los ancianos de la iglesia para que oren por él, ungiéndolo con aceite en el nombre del Señor" (Santiago 5:14). Pida a algún anciano que ore por usted; cuando se combine su fe con la del anciano, será sano.

4. Pida a una amigo que esté de acuerdo con usted.
"Otra vez os digo que si dos de vosotros se ponen de acuerdo en la tierra acerca de cualquier cosa que pidan, les será hecho por mi Padre que está en los cielos, porque donde están dos o tres congregados en mi nombre, allí estoy yo en medio de ellos" (Mateo 18: 19-20). Existe gran poder cuando dos personas oran de acuerdo.

El Poder de la Imposición de Manos

Cuando oro por los enfermos, frecuentemente siento la unción de Dios en mi mano derecha. Cuando esto ocurre, rápidamente impongo mi mano en la persona enferma. La unción produce una sensación de ardor en mi mano, y al orar puedo literalmente sentir el fluir del poder del Espíritu de Dios en mi al cuerpo enfermo.

¿Por qué es tan importante la imposición de manos en los enfermos? Imponer manos en los enfermos sirve como el punto de contacto por el que el poder de Dios se pasa. En esta historia podemos ver como Jesús uso Sus manos para sanar.

Un día un líder de la sinagoga llamado Jairo cayó a los pies de Jesús y le rogó que lo ayudara. La multitud alrededor de Jesús pensó que esto era una cosa rara pues normalmente un hombre importante no rogaría, pero Jairo estaba desesperado. El le dijo a Jesús, "Mi pequeña hija se esta muriendo. Por favor ven a imponer tus manos sobre ella para que sane y viva." Cuando Jesús vió los ojos del hombre llenos de lagrimas, El sintió compasión ; Y lo siguió ha su casa.

En el camino a la casa de Jairo Jesús se detuvo pues una mujer desesperada vino a Él para que la sanara . Cuando finalmente llegaron, era demasiado tarde. Algunos hombres vinieron y le dijeron a Jairo, "Su hija esta muerta. Ya no moleste al maestro."

Claro que Jesús ignoró su noticia y animó al líder de la sinagoga, "No temas; solo cree." Las personas alrededor de la casa se lamentaban y lloraban por la muerte. Jesús les pidió que no lloraran y agrego, "La niña no está muerta sino que duerme." Pero se rieron en su cara pues todos sabían que la niña estaba muerta.

Jesús pudo decir esto porque Él sabia el final de la historia. ¿Sabia que Jesús nunca predicó en un funeral? De hecho, El echó a perder todos los funerales a los que asistió incluyendo el de Él mismo.

Jesús dejo a la multitud fuera y entró en el cuarto en el que la niña muerta estaba. El tocó su mano y le dijo, "niña, Yo te digo, levántate." En el momento en que Jesús tocó su mano, ella se levantó de los muertos. Inmediatamente se levantó de la cama y abrasó a sus padres emocionados.

El punto clave que quiero que noten de está historia es que Jairo le pidió a Jesús que impusiera manos en su hija. Es que Jairo sabía el poder que hay en el toque de una persona. En cuanto las manos de Jesús tocaron las manos de la niña, entró poder a su cuerpo y fué completamente sana. Las manos de Jesús tienen poder sanador.

Cuando un leproso vino a Jesús para que lo sanara, Jesús extendió su mano y lo tocó (Marcos 1:40-41). Por encima esto no se ve como muy inteligente pues la lepra es muy contagiosa; si toca a un leproso, se puede contagiar. ¿Entonces por que tocó Jesús a este hombre? Jesús conocía el poder sanador de sus manos que era mayor que la lepra.

En otra ocasión, *"Al ponerse el sol, todos los que tenían enfermos de diversas enfermedades los traían a él; y él, poniendo las manos sobre cada uno de ellos, los sanaba"* (Lucas 4:40). En el lugar donde Jesús creció, Él impuso manos los sanó (Marcos 6:5)

Pablo también impuso manos sobre los enfermos. En la isla de Malta, el padre de un oficial de la isla estaba sufriendo con disentería y temperatura. Cuando Pablo oró, el impuso manos sobre el hombre enfermo y fue completamente sano (Hechos 28:8).

Antes de que Jesús regresara al cielo, El les ordenó a sus discípulos que *"impusieran sus manos en los enfermos,"* y prometió, *"sanarán"* (Marcos 16:18). Como Cristianos se nos ha dado tanto la orden como la promesa. Si hacemos lo que nos toca imponiendo manos sobre los enfermos, ¡Dios hará su parte y los sanara!

El Poder Sanador de Ungir con Aceite

Otro elemento del poder de sanidad es ungir con aceite. *"¿Está alguno enfermo entre vosotros? Llame a los ancianos de la iglesia para que oren por él, ungiéndolo con aceite en el nombre del Señor"* (Santiago 5:14).

Todos recuerdan las palabras conocidas del Salmo 23, *"El Señor es mi pastor, nada me faltara... Unges mi cabeza con aceite..."* David, el autor de este salmo, fué pastor de niño. El sabía que antes de que un pastor ponga sus corderos a dormir de noche, cuidadosamente los revisa para ver que no tengan ninguna herida y les pone aceite en las heridas. Este aceite previene que las heridas se infecten y los protege de los insectos.

Jesús dijo, *"Yo soy el buen pastor..."* (Juan 10:14). Hoy en día los pastores siguen su ejemplo siendo pastores de la congregación. Los buenos pastores quieren que sus ovejas no tengan heridas. Cuando los ancianos de la iglesia oran por los enfermos, se les dice que unjan con aceite. Yo creo que el aceite representa simbólicamente el aceite que usaban los pastores para sus ovejas.

El aceite también representa la presencia sanadora del Espíritu Santo. En algunas parábolas de Jesús, el Espíritu Santo esta representado por el aceite. Cuando se usa el aceite cuando se ora por los enfermos, representa la presencia del Espíritu Santo; por lo que los ancianos de la iglesia no están orando solos, están orando junto con el Espíritu Santo.

Si usted está enfermo, llame a los ancianos de la iglesia a que vengan a orar por usted. Pídales que lo unjan con aceite y que le impongan manos. Su oración de fe será poderosa y efectiva para traer la unción sanadora del Espíritu a su cuerpo.

El Poder Sanador de Los Dones de Sanidad

"A uno es dada por el Espíritu...dones de sanidades..." (1 de Corintios 12:8-9). Uno de los nueve dones del Espíritu es sanidad. Cada hijo de Dios puede sanar a los enfermos por medio de la fe en Jesús, pero algunos Cristianos reciben un don especial para sanar a los enfermos.

En el cuerpo de Cristo existen muchas necesidades. Dios ha provisto para todas las necesidades dando a los miembros del cuerpo un don para llenar la necesidad. Una de las necesidades más grandes es la sanidad y Dios ha puesto a personas dentro del cuerpo que tiene la unción especial para creer.

Los *"dones de la sanidad"* es en plural. Esto significa que hay más de un don de sanidad. Dios ha dado a algunas personas gran fe para creer en ciertas sanidades. Todos tiene una medida de fe, pero yo creo que algunas personas tiene dones específicos para creer en ciertos milagros.

Han existido grandes evangelistas de sanidad en los últimos cien años. Cada uno de ellos recibió un don para creer. Algunas sanidades ocurren por fe en el corazón de la persona enferma, pero otras sanidades ocurren por la fe del predicador. Después de que un predicador ha visto miles de sanidades, el está mejor equipado para saber como tratar con casos y enfermedades particulares.

Muchos médicos y enfermeras también han recibido dones de sanidad. El deseo de que las personas sanen los sostiene durante muchos años de estudio cuando otras personas sin el don abandonan sus estudios. Su don espiritual de ayudar les ayuda a buscar los medios para sanar a los enfermos.

Una persona que ha luchado con una enfermedad en particular y triunfo tendrá la ventaja cuando ore por otros con la misma enfermedad. Dios le da a la persona sanada el don en el área de su milagro. Cuando se experimenta la sanidad en la vida propia se edifica la fe para sanar a los demás.

Yo pienso que hay la misma cantidad de dones para sanar como hay enfermedades. En el cuerpo de Cristo, Dios ha proporcionado la solución a cada enfermedad. Alguna persona que tiene el don en su necesidad. Cuando busque a Dios, El revelará a una persona con la respuesta a su problema.

Entonces, en su búsqueda de la sanidad, busque a las personas que han recibido el don de sanidad. Cuando su fe es agregada a la suya, usted tendrá el clima perfecto para un milagro.

El Poder Sanador de La Autoridad y el Poder

Mucho antes de que a las naciones se les llamara "súper poderes" ya existía un súper poder verdadero. Éste es el poder de Dios el cuál es mayor que ningún otro. Vamos a ver lo que dicen las escrituras sobre el poder de Dios y su habilidad para sanar su cuerpo.

El poder de Dios se puede comparar al poder. La electricidad es una fuerza dinámica que ha cambiado radicalmente nuestra civilización proporcionándonos luz y calor. Cuando éste poder se genera, fluye por líneas eléctricas hasta llegar a una toma en nuestros hogares. La electricidad esta siempre presente, pero no le beneficia en lo absoluto hasta que conecte alguna extensión.

El poder de la sanidad es similar al poder eléctrico. Dios es la fuente de ese poder y nuestra fe es la extensión que nos conecta con su poder de Dios. La unción de Dios siempre esta presente pero de nada nos sirve a menos que estemos conectados.

La electricidad es real lo crea usted o no; de la misma manera, el poder de Dios es real lo crea o no. Si usted se rehúsa a creer en la electricidad y no conecta su tostador, comerá el pan sin tostar para el desayuno. De igual manera la incredulidad detiene el fluir del poder de Dios.

El "punto de contacto" es como la conexión eléctrica; es el lugar en el que uno usa la fe para llegar al poder de Dios. La conexión sin nada conectado no sirve. El poder, la sabiduría y capacidad de Dios esta en todas partes y está disponible siempre, pero a menos que alguna persona use su fe para conectarse a ese poder, el poder no se aprovecha.

El poder de Dios esta presente para sanar su cuerpo ahora mismo. Use su fe para "conectarse" con el poder de Dios para recibir su sanidad.

¿Cuál es la diferencia entre el poder y la autoridad?

"Habiendo (Jesús) reunido a sus doce discípulos, les dio poder y autoridad sobre todos los demonios, y para sanar enfermedades" (Lucas 9:1). En este versículo descubrimos que Jesús les dió tanto poder como autoridad a sus discípulos para sanar a los enfermos. ¿Cuál es la diferencia entre el poder y la autoridad?

La palabra "poder" se traduce de la palabra en Griego *"dunamis"*. Para darnos una idea del significado de esta palabra, necesitamos imaginarnos las fuerzas mas poderosas de la Tierra. Nuestra palabra en Español "dinamita" viene de esta palabra poderosa. El poder eléctrico, nuclear o de explosiones masivas expresan el sentido de esta palabra.

El poder *dunamis* es el tipo de poder que fluyó de Cristo cuando la mujer con la enfermedad de sangre lo tocó. El poder fue una sustancia literal que cuando salió de Cristo al cuerpo de la mujer y la sanó. Jesús realmente sintió una explosión de dunamis que salió de su cuerpo como respuesta a su fe.

La palabra "autoridad" viene de la palabra en Griego *exousia*. Esta segunda palabra en realidad es un término que se usa en una corte para describir los derechos legales. Un policía tiene la autoridad de dar una multa a las personas que conducen sus vehículos a exceso de velocidad. El juez tiene la autoridad de mandar a un criminal a la cárcel. El presidente tiene la autoridad de declarar la guerra contra otra nación.

Jesús tomó completa autoridad cuando Él dijo, *"Toda potestad me es dada en el cielo y en la tierra"* (Mateo 28:18). A Cristo se le dio el derecho legal de usar cualquiera de los recursos infinitos de

Dios en su batalla con Satanás. La verdad es que autoriza completamente a Sus discípulos para que caminen en esta misma autoridad. La autoridad de Cristo nació de Su relación con Su Padre, y la autoridad de los discípulos originó en su relación con Jesús. La autoridad siempre nace de la relación.

Tanto la autoridad como el poder son importantes. Poseer una pistola le puede dar el poder de matar, pero solo poseer la pistola necesariamente le da la autoridad de usar la pistola. Un policía recibe permiso especial de usar una pistola; en otras palabras, él tiene tanto el poder (la habilidad) como la autoridad (el derecho legal) de proteger al inocente.

En mi clase de ciencias de séptimo año, yo estudié dos diferentes tipos de energía. La energía potencial que esta guardada. Cuando una roca esta inmóvil en un precipicio esta llena de energía potencial. Pero cuando la roca la empujan al precipicio, la energía potencial se transforma en energía kenetica, la energía del movimiento. *Exousia* es como la energía potencial; Le da a Jesús el derecho potencial de sanar. *Dunamis* es como la energía kenetica; Dándole a Jesús la habilidad de sanar.

Jesús les dio a sus discípulos tanto el poder (poder *dunamis*) como la autoridad (poder *exousia*) para sanar a la gente. Dios le ha dado a usted tanto la habilidad de vencer a Satanás como el derecho legal de que el poder permanezca.

El poder infinito de Dios

El profeta escribió, *"¡Ah, Señor Jehová!, tú hiciste el cielo y la tierra con tu gran poder y con tu brazo extendido. Nada hay que sea difícil para ti"* (Jeremias32:17). Si Dios hizo la tierra pos Su poder y usa ese mismo poder para mantener las estrellas en su lugar, no cree que este poder es capaz de sanar su cuerpo? (Jeremías 10:12; Isaías 40:26).

De acuerdo a Hechos 10:38, Dios ungió a Jesús con el Espíritu Santo y poder. Jesús uso ese poder para hacer el bien y sanar a todo aquel que estaba bajo el poder de Satanás. El poder de Jesús es mucho mayor que cualquier poder de Satanás.

> **Mohammad el cojo**
>
> Nuestro equipo experimentó muchos problemas al hacer un festival en Metu, Etiopía. Muchos musulmanes vivía en la zona, y algunos de los jóvenes musulmanes siguieron nuestro equipo de publicidad y derribaron todos nuestros carteles. Un día, comenzó realmente un motín, y empezaron a tirar piedras enfrente del parabrisas de nuestro auto de publicidad. Cuando la policía llegó, los musulmanes mintieron y dijeron que el equipo había comenzado los disturbios, dieciocho de los miembros de nuestro equipo fueron enviados a la cárcel, y tuvimos que contratar a un abogado para sacarlos.
>
> Debido a esta oposición, tuvimos una gran decepción con la asistencia al festival o cruzada la primera noche. Pero en la segunda noche ocurrió un milagro que lo cambió todo. Alguien trajo al festival a un hombre musulmán que era cojo, llamado Mohammad. Cuando comenzamos a orar por los enfermos, Jesús tocó Mohammad el cojo y lo sanó.
>
> Él vino corriendo en la plataforma sosteniendo la muleta muy alto en el aire, y gritando: "Puedo caminar. Jesús me sanó. "Le pregunté," ¿Cuál es su nombre? "Él respondió:" Mi nombre es Mohammad. "Debido a su nombre, toda la multitud se dió cuenta de que era un musulmán. La noticia comenzó a extenderse por toda la ciudad, "Jesús está sanando a los musulmanes." La noche siguiente, el tamaño de la multitud se duplicó. La noche siguiente, la asistencia se duplicó de nuevo. Por la noche final del festival, más de 55.000 personas se reunieron en el campo, muchos de ellos eran musulmanes escuchando que Jesús puede sanar por primera vez.

A todas partes que Jesús iba estaba lleno del poder del Espíritu (Lucas 4:14). El poder súper natural le permitía echar fuera a los espíritus (Lucas 4:36) y estaba presente cuando Jesús sanaba a los enfermos (Lucas 5:17). Cuando las multitudes tacaban a Jesús, el poder fluía de adentro de Él y los sanaba a todos (Lucas 6:19).

Jesús nos prometió cubrir a todos con el mismo *"poder de lo alto"* (Lucas 24:49) Esta promesa se da una vez mas en Hechos 1:8, *"...Y recibiréis poder cuando el Espíritu Santo venga sobre vosotros...*" En el día de Pentecostés, el poder del Espíritu Santo calló del cielo (Hechos 2: 1-4). Como Cristianos, ahora tenemos el poder *"sobre toda fuerza del enemigo"* (Lucas 10:19). Podemos usar este poder para echar fuera demonios y curar enfermedades (Lucas 9:1).

Pablo proclamó el evangelio completamente usando el poder del Espíritu para desempeñar señales y maravillas (Romanos 15:19). Pablo no se avergonzó del evangelio pues es el poder de Dios tanto para salvación como para sanidad de todos los que crean (Romanos 1:16) Su predicación no era de con palabras persuasivas o sabias, sino demostrando el poder del Espíritu (1 de Corinitos 2:4); *"... el reino de Dios no consiste en palabras, sino en poder"* (1 de Corintios 4:20).

Jesús reprendió a los lideres religiosos de Su tiempo por no conocer las Escrituras o el poder de Dios (Mateo 22:29). Algunos Cristianos hoy en día tienen alguna forma de santidad, pero niegan su poder. Pablo nos dice que *"no tengamos nada que ver con ellos"* (2 de Timoteo 3:5). Nunca escuche a nadie que trate de decirle que Dios no tiene poder para sanar ahora.

El Poder Sanador de Reprender a Satanás

Satanás viene a robar, matar y destruir (Juan 10:10). Una manera en la que el diablo puede lograr su plan es oprimiendo a la gente con enfermedad. En la Biblia, descubrimos que algunas enfermedades son causadas directamente por la posesión diabólica. Las buenas noticias son que realmente no importa si la enfermedad es resultado de causa natural o por causa de demonios. El nombre de Jesús tiene poder sobre estos dos!

Cuando Cristo estaba en el Monte de la Transfiguración, un hombre trajo a su hijo a los discípulos. El niño sufría de ataques causados por la opresión diabólica. El padre estaba muy preocupado por su hijo pues el demonio aventaba a su hijo al fuego tratando de quemarlo y al agua tratando de ahogarlo. Los discípulos trataron de sanar al muchacho pero no pudieron. Cuando Jesús regresó, los reprendió por su falta de fe.

Jesús llamó al muchacho y reprendió al demonio. En ese momento, el muchacho fue sanado. Mas tarde los discípulos le preguntaron a Jesús por que no pudieron. Jesús culpo su falta de fe, pero les dio una manera para desarrollar su fe cuando les dijo, *"Pero este género [de demonio] no sale sino con oración y ayuno"* (Mateo 17:21).

Algunos tipos de ataques demoniacos son tan severos, que necesitamos un periodo de tiempo para desarrollar nuestra fe antes de poder derrotar a Satanás. El ayuno es cuando nos abstenemos de comer para pasar tiempo en oración. Al negar las demandas insistentes del cuerpo, puede estar completamente enfocado en la adoración de Dios. Este periodo de ayuno desarrollara su fe para creer en el poder sanador de Dios!

Note, que Jesús reprendió al demonio y lo echo fuera. La autoridad de Cristo fue mucho mayor que el del demonio que tenía la vida del muchacho. Cuando Jesús reprendió al demonio, el espíritu maligno fue obligado a irse.

Vez tras vez en el Evangelio, Jesús liberó a las personas del poder de Satanás. Un día que Jesús estaba bajando de un barco cuando se presento un hombre infestado de un demonio violento. Estaba tan afectado que no usaba ropa y vivía en un panteón. Vez tras vez las autoridades trataron de controlarlo poniéndole cadenas, pero el hombre se escapaba y huía.

Jesús le pregunto al hombre, "Como te llamas?"

"Legión," contesto el hombre, pues muchos demonios vivían en el. Legión era un término que usaban los Romanos para describir un ejercito de seis mil hombres. La enfermedad de este hombre era causada por cantidad de poderes satánicos.

Un día al estar leyendo esta historia, me pregunte, "Como pueden seis mil demonios caber dentro de una persona?" Y me di cuenta que el mundo espiritual opera bajo diferentes reglamentos que el mundo físico. No estoy seguro si este hombre literalmente tenia miles de demonios que lo poseían, pero si se que esto incluía a muchos demonios. Si el espíritu humano puede ser oprimido por una legión de demonios, las buenas noticias son que existe este mismo lugar disponible para ser lleno del Espíritu Santo. Como Cristianos nuestros espíritus pueden ser llenos con una enorme cantidad del poder del Espíritu. Podemos tener mucho mas poder del necesario para tratar con cualquier amenaza de Satanás.

Jesús ordenó a los espíritus malignos a salir del hombre e ir a una manada cercana de cerdos (Lucas 8:32:33). Los cerdos se enloquecieron por los demonios y corrieron a brincar de un barranco y se ahogaron en el lago. Pero el hombre fue completamente sanado por la autoridad de Cristo!

Jesús nos ha dado esta misma autoridad a nosotros. Nosotros podemos *"echar fuera a los malos espíritus y... sanar toda enfer-*

medad" (Mateo 10:1). El prometió, *"...Estas señales acompañarán a los que creen: En mi nombre echaran fuera a los demonios..."* (Marcos 16:17). Si nos sometemos a Dios y resistimos al diablo, todos los poderes malignos huirán cuando los echamos (Santiago 4:7). La enfermedad demoníaca no es problema para los que están llenos del Espíritu de Dios!

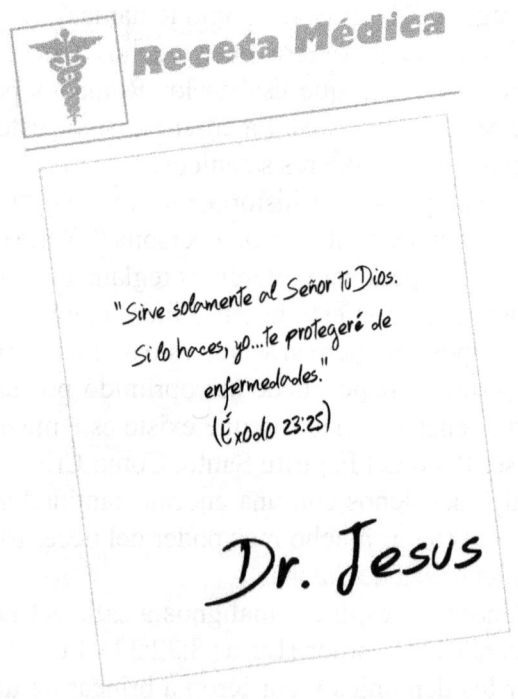

El Poder Sanador de La Voluntad de Dios

Hace unos anos murió mi abuelo. Después de su funeral, se leyó su testamento (voluntad) a la familia. En ese testamento, el expresó sus deseos con respecto a como administrar sus posesiones mundanas. Este testamento expresó sin duda lo que el quería que se hiciera con su dinero.

Mi abuelo era el testador, el que estableció el testamento. Un abogado fue el mediador o defensor del testamento; su trabajo fue garantizar que las condiciones del testamento fueran cumplidas. Los miembros de la familia fueron los beneficiarios del testamento, ellos recibieron el beneficio de su bienes.

Jesús fue un testador; Él dejó un testamento en la Tierra cuando murió. En la Biblia existe un Viejo Testamento y un Nuevo Testamento Cuando Cristo murió, Él dejó su testamento. En el su voluntad con respecto a la sanidad fue establecida de manera definitiva.

Una vez que una persona que escribe su testamento muere, nada puede ser agregado o eliminado del testamento. Jesús claramente expresó su deseo con respecto a la sanidad cuando Él estaba en la Tierra. Cualquier teología que niegue que es la voluntad de Jesús que seamos sanos hoy no es mas que una añadidura falsa a su testimonio.

Los deseos de Jesús con respecto a su Testamento se encuentran en el Nuevo Testamento. Las palabras que Jesús dejó, en la forma de la Biblia, expresan perfectamente la voluntad de Dios con respecto a Su propiedad mundana. Su voluntad te puede sanar.

Que posesiones dejó Jesús en la Tierra? Su manto fue robado por los soldados que lo crucificaron, por lo que no dejó ninguna posesión física. Una cosa que Jesús si posee es la autoridad de sanar a los enfermos. El dijo, *"Toda autoridad me es dada en el cielo y en la Tierra..."* (Mateo 28:18). Fue esta autoridad de echar fuera demonios y sanar toda enfermedad que Él dejó a Sus discípulos en Su testamento (Mateo 10:1). Nosotros somos los beneficiarios de Cristo. Toda su autoridad y poder ahora pertenecen a nosotros. Jesús nos dejó a nosotros todas las promesas de Dios en su testamento.

Cuando Jesús se levantó de los muertos, El se convirtió en el mediador ante el Padre que garantiza que las condiciones del testamento se cumplan. Jesús reveló su voluntad antes de su muerte, después el Cristo resucitado fue el abogado que asegura que toda promesa en su testamento se cumpla *"Cristo es mediador de un nuevo pacto...los llamados reciban la promesa de la herencia eterna"* (Hebreos 9:15).

Solo hay una persona en la Biblia que cuestiona la voluntad de Jesús para sanar. En la primer historia de sanidad registrada en Mateo, un hombre con lepra viene y se postra ante Jesús. El hombre dice, "Señor, si es tu voluntad, me puedes sanar."

Jesús revela su voluntad con respecto a la sanidad para nosotros y rápidamente responde al hombre diciendo, "Quiero, se limpio!" Inmediatamente el hombre fue sanado de lepra.

La lepra es una enfermedad espantosa y contagiosa que separaba a las personas enfermas de la sociedad pues al leproso no se le permitía venir a donde estaban las personas sanas. Esta prohibición de acercarse prevenía que estas personas pudieran adorar a Dios en la sinagoga o en el templo. La lepra impedía de manera efectiva que el leproso alabara a Dios en una comunidad de creyentes. Al sanar a este individuo, Jesús restauró no solo su relación perdida pero también su habilidad de alabar a Dios.

La única manera que Jesús contestara a la pregunta. "Es tu voluntar sanarme?" "Si, es mi voluntad!"

Por esta razón no es necesario orar de esta manera "Señor si es tu voluntad sanarme, tu puedes hacerlo." Usted puede saber sin duda alguna, que es la voluntad de Dios sanarle. Preguntar si es la

El Poder de la Sanidad

voluntad de Dios que sea sanado es un insulto para la promesa de Dios. La palabra de Dios dice, "Eres sanado." Dios lo dijo una vez; Él no quiere, ni necesita repetir Sus palabras.

T.L Osborn dice, "No conocer la voluntad de Dios en cierto aspecto, podemos orar en fe que Dios hará esto por nosotros, si es Su voluntad; y Él hará lo que sea mejor para nosotros. Pero cuando Dios ha revelado su voluntad, prometiendo hacer alguna cosa, no debemos ignorarlo o dudar de ello.

Dios desea sanarle. Está escrito en su palabra; por lo tanto está establecido por toda la eternidad. Dios no quiere que esté enfermo; Dios quiere que usted esté bien. La voluntad de Dios se ha revelado.

La voluntad de Dios no debe cuestionarse; simplemente debe creerse. El Padre lo escribió; Jesús lo garantiza y el Espíritu Santo trae la sanidad al usted creer.

Si es la voluntad de Dios que todos sean sanos, porque hay algunos que no sanan? Dios también desea "que todos sean salvos" (1 de Timoteo 2:4), pero no todos son salvos. Algunos no son salvos porque no creen; algunos no son sanos por la misma razón.

Jesús fue la manifestación física de la voluntad de Dios. Jesús dijo, *"...Yo he venido a hacer tu voluntad oh Dios"* (Hebreos 10:7). Cristo solo hizo la voluntad de Su Padre. "He descendido del cielo, no para hacer mi voluntad, sino la voluntad del que me envió" (Juan 6:38) Al leer la escritura, vemos que se presenta la voluntad de Dios en las actividades de Jesús. Él llevó a cabo la voluntad de Dios con respecto a la sanidad con sus acciones. Jesús claramente reveló la voluntad de Dios en el área de la sanidad al abrir los ojos de los ciegos, tocar los oídos de los sordos, limpiar a los leprosos y sanar a los inválidos. Si era la voluntad de Dios sanar a las personas cuando Jesús caminó en la Tierra, es la voluntad de Dios sanarle ahora.

El Poder Sanador de la Presencia de Dios

La presencia de Dios es lo mas precioso del universo. David lo sabía cuando le pidió a Dios, *"No me eches de tu presencia..."* (Salmo 51:11). Si usted estuviera alejado de la presencia de Dios por un momento, dejaría de existir.

Dios es omnipresente. Esto significa que Él esta en todas partes y en todo. La presencia de Dios detiene los átomos en su lugar; mantiene el ciclo de las estaciones; alimenta la energía del sol; mantiene las estrellas en el cielo y hace crecer las plantas. Lo mas importante de todo, es que la presencia de Dios trae sanidad.

Aún cuando Dios es omnipresente, hay ocasiones en las que se puede sentir una concentración más intensa de su presencia en cierto lugar. Por ejemplo. Lucas escribe de una ocasión cuando *"el poder del Señor estaba presente para sanar"* (Lucas 5:17). En este día en particular, la presencia del poder sanador de Dios estaba fuerte.

Uno de los nombres de Dios es Jehová Rapha, que quiere decir, "El Señor que sana." Este nombre revela la sanidad como parte de la naturaleza de Dios. Él es vida y la fuente de toda vida. Estar en su presencia llena nuestros cuerpos mortales de vida divina. Restaura tejido muscular perdido, trae paz a las mentes perturbadas, refresca al espíritu, limpia impurezas, echa fuera infecciones y hace funcionar a los órganos correctamente.

A usted le gusta pasar tiempo en donde se le aprecia? Dios es igual, La mejor manera de invitar la presencia de Dios es pasar tiempo alabándole. Con frecuencia las personas sanan en una atmósfera en donde se provoca la presencia de Dios por medio de la alabanza. La Biblia nos dice que habita en la alabanza de Su pueblo

(Vea el Salmo 22:3). Cuando la alabanza llega al cielo, llega la presencia de Dios y junto con esta presencia viene su poder sanador.

El Señor prometió a Moisés, *"Mi presencia ira contigo, y Yo te daré descanso"* (Éxodo 33:14). Moisés valoraba la presencia de Dios a tal grado que le dijo a Dios, "Si tu presencia no esta conmigo, no quiero ir." Él sabía que en la presencia de Dios hay gozo (Salmo 31:20), bendición (Salmo 89:15) y salud (Lucas 5:17), y se rehusó a ir a ninguna parte sin la presencia de Dios.

La presencia de la sanidad viene cuando pasamos tiempo en la presencia del Dios Todopoderoso.

La Historia de
El Rey Moribundo
(2 de Reyes 20:1-11; 2 de Crónicas 30-32; Isaías 38)

El rey estaba enfermo y moribundo. Al voltear a ver el manto morado que cubría su cama tosió. A pesar del lujo de su recamara, nada se podía hacer por él. Los mejores médicos que el dinero podía conseguir no podían ayudarlo. Solo tenía una esperanza, el profeta del Señor.

El rey sabía que el Señor podía sanarlo pues cuando era un joven, el había reintroducido la Pascua a su pueblo. Él recordaba pedir al Señor, durante la ceremonia, que perdonara a todos los que inclinaran sus corazones hacia Dios. Como respuesta el Señor había sanado a todo el pueblo de sus enfermedades como señal de Su favor.

"Rey Exequías, el profeta Isaías viene" uno de los que lo atendían preocupado anunció.

Cuando apareció el profeta, el rey desesperadamente tomó su mano, "Dame buenas noticias. Me sanara el Señor?"

Tristemente el profeta frotó la mano temblorosa del rey,

"Lo siento, esto es lo que dice el Señor: Pon tu casa en orden, pues como morirás; no te recuperarás."

Asombrado, el rey quitó su mano del profeta. Este hombre de Dios ha profetizado su muerte inmediata. Con su última esperanza destruida, el rey retiró su rostro del mundo hacia la pared. Empezó a llorar amargamente. Él había logrado tanto para Dios y para el pueblo de Judea, pero ahora todo el orgullo que pudo sentir por sus obras desapareció al pensar en su situación desesperada. El profeta salió. A pesar del amor que sentía por su rey, solo podía profetizar

> **Nunca deje de buscar un milagro**
>
> Cuando las personas personas salían del campo del festival, una madre estaba decepcionada. Su hija de cuatro años aún era incapaz de caminar. Ella había traído a su hija con la esperanza de un milagro, pero, nada había ocurrido. Su pequeña hija seguía lisiada, tal y como estaba desde su nacimiento.
>
> Después de llevar a su hija a dormir a su propia habitación, la madre lloró hasta quedarse dormida. La mañana siguiente ella sintió una mano en su mejilla. Sorprendida, ella abrió los ojos. ¿Quién podría están tocándola?. ¡Mami! escuchó una voz decir. Era la de su hija. ¿Cómo llegaste hasta aquí? Le pregunto. "Caminé" respondió la niña. En el medio de la noche, Jesús la había sanado completamente.

lo que el Señor le decía que dijera.

Durante la ceremonia de la Pascua, el Señor sanó a la gente porque le buscaban con todo su corazón. Hezequías decidió empezar a buscar a Dios. Con su rostro hacia la pared y lagrimas rodando de sus ojos, el rey se humilló clamó a Dios "Recuerda, oh Señor, como he caminado delante de ti fielmente y con devoción sincera y he hecho lo bueno ante tus ojos."

El profeta pasaba por en medio de las tres salas del palacio, se detuvo. El Señor estaba hablando. Isaías inclinó su cabeza y escuchó el mensaje del cielo, "Regresa y di a Hezequías, el líder de mi pueblo, 'Esto es lo que el Señor, el Dios de tu padre David, dice: Yo he escuchado tus oraciones y visto tus lagrimas; Yo te sanaré. En tres días, estarás alabando en el templo." El profeta no podía creer sus oídos; ¡Dios había cambiado de opinión!

Isaías volteó y corrió a la recamara del rey. "Pongan mas medicina en el rey," gritó, "Él se recuperara." Casi sin poder creer lo que oía, el rey volteó y limpió sus lagrimas, "Cual será la señal de que sanaré?" el preguntó.

En el momento, el profeta apunto al reloj de sol fuera de su ventana, "Quiere que avance la manecilla diez grados o para atrás diez grados?" Hezequías pensó por un momento, "La sombra siempre avanza. Yo quiero que se atrase diez grados."

El profeta clamó al Señor y Dios hizo que la sombra retrocediera como señal. Dios estaba literalmente dispuesto a mover el cielo y la Tierra para cumplir la petición de su siervo. Tres días mas tarde Hezedías estaba completamente sano y subió al templo a dar gracias al Señor.

Punto Importante

1. Dios no cambia, sin embargo en esta historia Dios parecería cambiar de opinión. Al principio el profeta dice que Hezequías moriría, después regresó y dijo que el rey viviría. Que pasó? Las circunstancias que afectaban la decisión de Dios habían cambiado. Cuando Hezequias se humilló y le recordó a Dios su devoción, Dios respondió a su fe y declaró que viviría. En esta historia, encontramos que Dios esta dispuesto a cambiar de opinión y mover cielo y tierra para responder a la fe de uno de sus hijos.

2. La humildad ante Dios es esencial para su milagro. *"Dios resiste al soberbio y da gracia al humilde."* (Santiago 4:6). Ezequias humildemente clamó a Dios durante su momento de mayor necesidad. Esta actitud humilde capto la atención de Dios e inició el milagro. Las lagrimas de arrepentimiento traen sanidad.

3. La sanidad puede llevarse a cabo con medicamentos. Cuando Isaías regresó a profetizar sobre la sanidad de Hzequías, les dijo a los siervos que prepararan una medicina hacha con higos. después de que los siervos le dieron la medicina, el rey se recuperó. Con frecuencia, Dios usa medicamentos para sanar. Este concepto también se encuentra en el Nuevo Testamento. Jesús dijo, *"no son los sanos los que necesitan un medico, sino los enfermos"* (Mateo 9:12). Uno de los compañeros mas cercanos de Pablo era Lucas el médico, y Pablo le dijo a Timoteo que se tomara lo que podía haber sido vino medicinal para su estómago (1 de Timoteo 5:23).

El Poder de la Sanidad

La Historia de
La Sanidad de un Enemigo
(2 de Reyes 5)

Naamán era un gran hombre. Él era el comandante del ejército del rey de Aram. Era un hombre famoso en todo el país temido por los ejércitos de otros países. Por sus victorias era rico y respetado. Solo que había un pequeño problema con su vida; tenía una enfermedad incurable de lepra.

Los médicos no podían curar esta enfermedad. No había esperanza. Él estaba condenado a ser comido lentamente por este horror, apartado por todas sus amistades por esta enfermedad contagiosa de la piel.

Un día su esposa vino a él y le dijo, "Mi vida, una de mis siervas me platicó de un hombre que te puede sanar."

"¿Cuál sierva es esta?" le dijo molesto.

"La pequeña que capturaste en Israel y me regalaste. Ella dice que hay un profeta en Samaria que te puede sanar de lepra." ¿Cómo puede alguien en ese país insignificante sanarme?

Nosotros estamos mucho más avanzados y ninguno de nuestros médicos me puede sanar."

La esposa sonrió con su esposo, "Por lo menos intenta, hazlo por mi."

Entonces, Naamán se encontró viajando hacia la casa del profeta Eliseo. Al acercarse a la ciudad donde vivía Eliseo, él se imaginaba que el profeta saldría para honrarlo como el gran comandante que era. "quizás el profeta saludará con la mano, bailará y clamará a su Dios para que me sane," pensó Naamán.

Sin embargo, Eliseo mando a su siervo con un mensaje para Naamán, "Ve, lávate siete veces en el Río Jordán y tu piel será restaurada y será limpio."

Enfurecido, Naamán se fue furioso. "Tenemos ríos mas limpios en donde yo vivo; ¿Por que lavarme en esta agua sucia de este país?" le pregunto a sus siervos.

Los siervos le recordaron humildemente, "Si Eliseo le hubiera pedido que hiciera alguna tarea difícil para sanarse, lo hubiere hecho?"

"Si," respondió.

"Entonces, por que no obedecerlo si solo le pide que haga algo sencillo como lavarse siete veces?" los siervos le preguntaron.

A pesar todas su oposición, Naamán decidió que sus siervos tenían la razón. Se puso su traje de baño y empezó a lavarse en el río como le había dicho el hombre de Dios. Los siervos veían la espantosa lepra en su cuerpo.

Él se examinó desesperadamente después de la primera vez. Nada cambio. Se metió la segunda vez y nada. Tres. "Si el profeta esta equivocado perdería la cabeza," se dijo a si mismo. Cuatro. Nada. Cinco veces en el río. Su piel aun estaba enferma.

Se metió la sexta vez. Su piel estaba exactamente igual que cuando empezó. "Espero que Eliseo tenia razón," murmuró. Naamán cerró sus ojos entrando en el agua la séptima y final vez. Cuando salió del agua, podía escuchar a sus siervos. Lentamente abrió sus ojos y vio sus brazos. Estaba sanado! Toda su piel estaba restaurada. Parecía la piel de un bebe.

Naamán regresó a darle las gracias al profeta y prometió adorar al Dios de Israel. Regresó a su tierra como misionero que creía completamente en el poder sanador de Yahvé.

Puntos Importantes

1. Dios responde a la fe, no a la necesidad. Jesús dijo," ...*había muchos en Israel con lepra en el tiempo del profeta Eliseo, sin*

embargo solo Naamán de Siria fue sanado" (Lucas 4:27). Hay miles de personas que necesitan sanidad desesperadamente, pero Dios responde a aquellas personas que tienen fe para creer en la sanidad. Fe es la moneda del reino de los cielos.

2. No deje de creer en su milagro antes de que ocurra. A Naamán se le dijo que se metiera siete veces. Absolutamente nada pasó las primeras seis veces que Naamán se metió en el agua. Si él no se hubiera metido la séptima vez nada hubiera pasado, él hubiera muerto de lepra. Quizás este haciendo todo lo que debe para recibir su sanidad, pero no ha visto la manifestación aún. Quizás este en su sexta vez en el agua! Siga confesando la Palabra, plantando la semilla, orando la oración de fe y creyendo a Dios para su sanidad. Nunca pierda la esperanza. No deje de creer antes de recibir.

3. Dios frecuentemente sana a pecadores para traerlos a Su reino después de que Naamán fue sanado, empezó a alabar al Dios de Israel. Experimentar el poder de Dios es una llamada a despertar! Que causa que muchos incrédulos busquen la salvación. ¿Por que necesitamos milagros? Uno de los propósitos principales de los milagros es proporcionar una prueba para los incrédulos. Leonardo Ravenhill dijo, "No necesitamos una nueva definición del evangelio, necesitamos una nueva demostración del evangelio." Necesitamos milagros porque un milagro es mejor que mil sermones. Hay muchas maneras de ministrar a las personas; les puede dar de comer, amarlos y predicarles. Pero no hay nada como un milagro para traer a las personas al Señor. Los milagros supernaturales prueban la realidad de la existencia de Dios y da fe a los incrédulos.

¿Nuestra Meta?
Toda Alma!

Daniel & Jessica King

Cruzadas de Milagros

Cruzadas de Milagros

Los Ciegos Ven

Los Sordos Oyen

Los Lisiados Caminan

Milagros prueban que ¡Jesús está vivo!

Silla de Ruedas Vacía

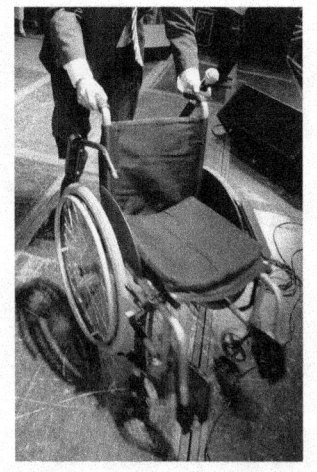

Liberada de Demonios

Cojos Andan

El Tumor se Fue

Cruzadas de Milagros

La Historia del Sanador que Escupe
(Marcos 8:22-26)

El hombre de Betsaida estaba ciego. Algunos de sus amigos lo llevaron a Jesús y le rogaron al gran sanador que le tocara sus ojos. Jesús, siempre dispuesto a dar la atención personal como respuesta a la fe del necesitado, tomó al hombre de la mano y lo llevó fuera del pueblo.

Jesús se inclinó acercándose a la cara del hombre y escupió en sus ojos.

El hombre sintió la saliva mojada que corría en su cara y sintió el toque de manos sobre sus ojos. Escuchó la voz tierna de Jesús preguntándole, "Vez algo?"

Sorprendido por la pregunta, el hombre abrió sus ojos y vio luz por primera vez en muchos años. "Veo gente; se ven como árboles caminando," le dijo a Jesús. El hombre no había recibido su visión completa, pero aún cuando había sido sanado parcialmente, la esperanza crecía en su alma. Si Jesús podía hacerle ver la luz, Jesús podía sanarlo completamente.

Esperando terminar lo que ya había empezado, Jesús puso sus manos de nuevo en el hombre y oró. Esta vez cuando el hombre abrió sus ojos, el podía ver claramente. Ahora las personas se veían como personas y los árboles como árboles. El hombre que recientemente había estado ciego vio el cielo azul, el césped verde y la sonrisa en el rostro de Jesús. Su vista fue restaurada completamente!

Puntos Importantes

1. La sanidad de este hombre fue gradual. Fue lograda en etapas. Algunas personas parecen pensar que Dios siempre debe sanar a los enfermos instantáneamente. Pero en ocasiones los mila-

gros toman tiempo. Puedes estar seguro *"...aquel que empezó la obra en usted la completará hasta el día de Cristo Jesús"* (Filipenses 1:6). Una vez que Dios empieza un milagro, Él lo completará. Si usted recibió un milagro parcial, no se desanime, siga creyendo la completa manifestación de su sanidad.

2. La característica sorprendente de este milagro es el método que uso Jesús para sanar al hombre. ¿Se puede imaginar que alguien le escupa para sanarlo? Jesús no-tenía miedo de usar métodos ortodoxos para sanar a este hombre. Esto me dice que Jesús no está limitado a un método especifico. Él utilizará cualquier método para traer sanidad a su cuerpo.

La Historia de La Mujer que no Podían Sanar los Médicos
(Mateo 9:18; Marcos 5:21-34; Lucas 8:40-48)

Ella era una mujer desesperada. Durante doce años había estado sufriendo con una terrible enfermedad. Aun podía recordar el día en que empezó el problema de sangre. Al principio no le preocupaba gran cosa, pero cuando el sangrado continuó por varios días empezó a preocuparse. Nada de lo que hacia detenía el sangrado.

La mujer acudió a su medico familiar, pero él no podía ayudarla. Después encontró especialistas, pero eran incapaces de sanar su enfermedad. Después de esto pasaba de médico a médico para buscar su sanidad. Algunos le dieron medicamentos, algunos le dijeron que fuera de vacaciones para descansar otros solo se dieron por vencidos. Había dos denominadores comunes entre la multitud de médicos; No podían sanarla y le cobraban muchísimo dinero.

Ahora después de doce años estaba en banca rota. Ella había gastado hasta el último centavo en médicos con la esperanza de que encontraran la solución. Sus bolsillos estaban vacíos y su corazón sin esperanza.

Un día escuchó de un hombre llamado Jesús. No sabemos exactamente que fue lo que escucho, pero pudo haber sido un reporte sobre del paralítico que fue bajado por el techo o quizás de un leproso que fue sanado. En alguna ocasión escucho una historia de Jesús sanando a los enfermos y volvió a nacer la fe en su corazón.

Ella se dijo a ella misma. "Si solo pudiera tocar la orilla de su manto, seré sana." Jesús era su última esperanza. Ella creyó los reportes que había escuchado sobre Él, y estaba dispuesta a caminar en fe para recibir sanidad.

Era ilegal que ella estuviera entre la multitud pues su condición la hacia no estar limpia. Pero a ella ignoró la ley y se coló entre la multitud que rodeaba a Jesús. Cientos de personas lo rodeaban y tubo que empujar, jalar y colarse entre los espacios para acercarse a Él. Finalmente, ella llego, extendió su mano y tocó su manto.

Inmediatamente sintió el poder de Dios que fluía por su cuerpo. El flujo de sangre se detuvo y ella sabía que estaba sana. Estaba sana de nuevo!

Claro que Jesús se dio cuenta que poder había salido de Su cuerpo. El había sentido un flujo repentino de poder como respuesta a la fe de la mujer. Cuándo el volteó a la multitud preguntó, "Quién tocó mi ropa?"

Los discípulos pensaron que la pregunta no tenía sentido. Le dijeron, "Maestro, la gente esta amontonada alrededor de ti, como puedes preguntar 'Quién me tocó?'"

La mujer escuchó la pregunta de Jesús y dándose cuenta de lo que había pasado cayó a los pies de Jesús temblando de miedo y le dijo toda la verdad. Ella temía a Sus discípulos pues la Ley (Levítico 15:19), dice que por ella tocarlo Él no seria limpio hasta la tarde. Pero Jesús no la condenó; sino que Él completó el proceso de sanidad en su alma diciendo, "Hija, tu fe te ha sanado. Ve en paz y se libre de tu sufrimiento."

Puntos Importantes

1. Cuando escuche sobre Jesús, su vida estará a punto de cambiar para mejorar. Desde el momento en que la mujer escuchó de la habilidad de Jesús para hacer milagros, su enfoque fue alcanzarlo. Ella sabia que Jesús era la respuesta a su problema.

2. Hablar desata la fe. La mujer con el problema de sangre se dijo a si misma, *"Si puedo tocar su ropa, seré sana"* (Marcos 5:21-34). Esta confesión abrió la puerta para que ella recibiera su milagro.

3. La mujer creyó los reportes que escucho de Jesús. Esta creencia literalmente creó su milagro. Jesús explicó, *"Hija, tu fe*

te ha sanado" (Marcos 5:34). Creer es el catalizador que convierte las promesas de Dios en el poder de Dios. Cada promesa Bíblica contiene el poder necesario para que se haga realidad, si solo alguna persona cree y actúa en fe.

4. La mujer tomó acción empujando entre la gente hasta poder tocar la ropa de Jesús. La fe nunca es inactivo, siempre toma acción. Has algo que no podías hacer anteriormente. Si no se podía parar intente pararse. Si no ha podido usar su brazo en cierta forma inténtelo. Cualquier cosa que no podía hacer anteriormente use su fe y hágalo ahora.

5. Marilyn Hickey cree que la enfermedad es exactamente lo opuesto de estar en paz. Cuando Jesús sanó a la mujer con el problema de sangre, El dijo "Ve en paz." Por primera vez en doce años ella estaba en paz. Que alivio estar libre de su enfermedad. Jesús toma la enfermedad y la convierte en perfecta paz.

Dios esta listo para sanarte ahora. Dios es un Dios del presente. Él no quiere esperar hasta mañana, o el siguiente día, *"Hoy es el día del favor de Dios, hoy es el día de la salvación"* (2 de Corintios 6:2). Hoy es el día de su salvación de la enfermedad Después de que fue sanada, la mujer testificó a Jesús su sanidad. Después de que Dios nos sana, necesitamos testificar diciéndole a las personas de nuestra sanidad. Cuando testificamos esto produce fe en otras personas para que el circulo de milagros continúe.

Daniel King

La Historia de Los Cuatro Amigos Llenos del Fe
(Mateo 9:1-8; Marcos 2:1-12; Lucas 5:17-26)

Cuando Jesús fue a la ciudad de Capernaum, rápidamente se corrió la noticia de que había llegado. Cientos de personas corrieron a la casa donde estaba hasta que no cabía ni una sola persona más. Las personas que llegaron tarde empujaban hasta poder entrar y tapar las puestas. La fe de esta multitud era fuerte y el poder del Señor estaba presente para sanar.

Después que Jesús empezó a predicar, cuatro hombres llegaron cargando a su amigo que estaba completamente paralizado. Trataron de entrar empujando como los demás, pero las personas estaban tan amontonadas. De repente, a uno de estos hombres se le ocurrió una idea, "Vamos a llevarlo al techo."

Cargaron al hombre al techo y empezaron a hacer un hoyo en el techo. No sabemos de quien era esta casa, Pero como Pedro vivía en la ciudad de Capernaum, pudiera haber sido su casa. Yo me pregunto que pensaría el dueño de la casa cuando empezó a sentir pedazos de techo caer sobre su cabeza. Cuando el hoyo fue lo suficientemente grande, los hombres bajaron a su amigo en medio de la multitud, enfrente de Jesús.

Cuando Jesús vio su fe, Él dijo "Amigo, tus pecados te son perdonados." Ese día había muchos Fariseos y maestros de la ley que estaban escuchando a Jesús. Cuando oyeron a Jesús que perdonó los pecados del hombre empezaron a pensar entre ellos, "¿Quien es este hombre que habla con blasfemias? ¿Quien puede perdonar los pecados sino solo Dios?"

Claro que Jesús era Dios, y Él sabía lo que estaban pensando. Él les preguntó, "¿Por que piensan estas cosas en sus corazones?

¿Que es mas fácil decir, 'Tus pecados te son perdonados,' o decir ' Levántate y camina'? Pero para que sepáis que el Hijo del Hombre tiene autoridad en la Tierra para perdonar los pecados..." Él volteó con el hombre paralizado," ...Te digo, levántate, toma tu lecho y vete a tu casa."

Inmediatamente el hombre paralizado se levantó enfrente de ellos, tomo el lecho en el que estuvo y se fue a su casa victorioso cargando el lecho y alabando a Dios.

La multitud estaba maravillada y alababa a Dios. Todos estaban maravillados y se decían unos a otros, "Hemos visto cosas maravillosas el día de hoy."

Puntos Importantes

1. Jesús sanó a este hombre por la fe de sus amistades escribe Gordon Lindsay, " Jesús mostró que es posible que sus amistades proporcionen la fe necesaria cuando la persona enferma es incapaz de tenerla."¡Si usted tiene amistades que están enfermas, su fe puede ayudar a traerles la sanidad!

2. La fe fuera de lo común produce resultados fuera de lo común. Cuando los hombres vieron que era imposible empujar a la multitud, ellos descubrieron una solución distinta para su problema. Ellos descubrieron una solución un ortodoxa para su problema. Ellos fueron persistentes hasta que sanó su amigo. ¿Después de mostrar tal fe, como podía Jesús no sanar al hombre paralítico?

3. El perdón de los pecados y la sanidad están relacionadas. Los Fariseos dudaban que Jesús tuviera la habilidad de perdonar pecados, pues solo Dios puede perdonar pecados. Pero solo Dios podía sanar a ese hombre. ¿Si Jesús puede hacer algo que solo Dios puede hacer sanando a ese hombre, no es esto prueba suficiente que Él puede perdonar pecados, otra acción que solo Dios puede hacer? Este milagro doble demuestra que tanto la sanidad como el perdón de pecados están incluidos en el ministerio de Cristo Jesús.

Daniel King

La Historia de Bartolomeo el Ciego
(Mateo 20:29-34; Marcos 10:46-52; Lucas 18:35-43)

Bartolomeo estaba sentado a un lado del camino pidiendo. El sol brillaba, los pájaros volaban y el camino se extendía hasta Jericó. Pero Bartolomeo no podía ver esto pues estaba ciego.

En la distancia Bartolomeo escuchó una multitud que venía. Al acercarse, clamó a la persona mas cerca, "Que esta pasando?" "Todos salen a ver a Jesús de Nazaret, "fue la respuesta. En cuanto Bartolomeo escuchó quien era, el empezó a gritar,

"Jesús hijo de David, ten misericordia de mi!"

Vez tras vez grito hasta que las personas cerca de él le decían que callara, pero el continuaba gritando lo mas fuerte que podía, "Jesús, Hijo de David, ten misericordia de mi!"

De repente Jesús se detuvo. Él había escuchado el llamado desesperado. Jesús volteó y al ver al hombre ciego, lo llamo, "Ven."

Las mismas personas que habían ordenado a Bartimeo que callara hace unos momentos ahora le decían, "Alégrate!" Levántate, Jesús te llama."

Bartimeo aventó sus capa a un lado, brincó a sus pies y vino a Jesús.

"Que quieres que haga por ti?" Le preguntó Jesús. "Maestro, quiero ver" respondió el hombre ciego.

"Ve tu fe te ha sanado," Dijo Jesús. Inmediatamente, el ciego Bartimeo ya no estaba ciego. El podía ver!

Puntos Poderosos

1. ¿Cuando fue que escuchó Bartimeo sobre la habilidad que tenía Jesús para sanar a los ciegos? En Lucas 18:35-43, se encuentra

El Poder de la Sanidad

la historia de un hombre ciego que Jesús sanó cuando salía de Jericó. La historia de Bartimeo ocurre cuando Jesús va de salida de Jericó. En todos los demás detalles, las historias son muy similares. Algunos sabios piensan que las dos historias relatan el mismo milagro pero los autores estaban poco confundidos sobre si Jesús iba o venía.

Yo pienso que los dos autores estaban en lo cierto. Yo creo que el día anterior a la sanidad de Bartimeo, Jesús sanó a otro hombre ciego al entrar a Jericó. Este hombre que fue sanado regresó a el lugar donde estaban los limosneros y le platicó a todos sobre su sanidad. Al siguiente día cuando Bartimeo escuchó que Jesús pasaba por ahí, él sabía que esa era su oportunidad para recibir un milagro

Bartimeo recibió su milagro porque su fe había sido alimentada por el testimonio de el otro hombre. Esto nos muestra la importancia de compartir nuestro testimonio con los demás.

2. Jesús le hizo a Bartimeo una pregunta, "¿Que es lo que quieres que haga por ti?" Con esta oportunidad Bartimeo le pudo pedir a Jesús dinero, un autógrafo o un toque de su mano, pero el hombre ciego sabia exactamente lo que quería. Él le dijo, "Maestro, quierover." Como respuesta Jesús le dio lo que pidió. Esto significa que tenemos que ser específicos en nuestras oraciones. Dígale a Dios exactamente lo que desea. Recibirá exactamente lo que pueda creer.

3. Cuando Bartimeo se levantó para ir con Jesús, el aventó su capa a un lado. ¿Por que es esto importante? Bueno, en esos días, los limosneros usaban un color especial de capa que les identificaba como limosneros profesionales. Cuando otros veían ese típo de capa aventaban dinero. Al dejar su capa, Bartimeo estaba dejando con lo que se ganaba la vida. Él era ciego y la multitud era grande; No podría encontrar esta capa nunca. Él tenía una fe tan completa en que Jesús lo sanaría que sabía que no tendría mas necesidad de esta capa de limosnero.

Yo escuché un chiste sobre un hombre que se cayó en un precipicio y solo se estaba deteniendo con la punta de sus dedos en una piedra a cientos de pies del suelo. Él empezó a pedir ayuda cuando de repente escuchó una voz que le decía, "Soy Dios. Que puedo hacer por ti?" "Que alivio," él dijo, "Por favor extiende tu mano poderosa para levantarme y ponerme de nuevo allá arriba" Dios le respondió, "Suéltate de la roca en la que te estás deteniendo y yo te voy a pescar." El hombre lo pensó por un momento, después clamó de nuevo, "No hay nadie mas allá arriba?" Este hombre no estaba completamente dispuesto a poner toda su fe en Dios.

Así como Bartimeo dejó su capa atrás, nosotros debemos de poder dejar atrás nuestro pasado y confiar en Dios para nuestro futuro. Deje su capa atrás; queme sus puentes; deje la muleta de los fracasos de ayer; suelte su cuerda y ponga toda su fe en la habilidad de Dios para pescarle.

4. La multitud dijo a Bartimeo que callara pero el seguía llamando a Jesús. Aun cuando otras personas le digan que se de por vencido, siga clamando con persistencia hasta recibir la respuesta de Jesús.

Salvado en la Mañana Sanado en la Tarde

Durante una campaña invitamos a toda la ciudad a asistir a nuestras reuniones de la mañana en una iglesia local. Dado que había muchos hindúes dispersos por toda la muchedumbre de la iglesia, sentí la necesidad de hacer el llamado para salvación.

Les di la invitación: "Si quieres que Jesús perdone tus pecados, entonces te invito a venir al frente de la iglesia, si nunca has dado tu vida a Jesús, hoy es tu día". Alrededor de veinte personas pasaron al frente. Les pedí que se arrodillaran en el suelo y los guiamos en la oración de salvación.

Uno de los hombres que se aceptaron a Jesucristo para recibir salvación era lisiado. No podía caminar sin usar un bastón. Con alegría, dio su vida a Jesús. Más tarde, en el festival de la tarde, el mismo hombre llegó a la plataforma, y en vez de estar apoyándose en su bastón, lo sostenía en alto. ¡Jesús lo había sanado!

 Receta Médica

"...yo soy el Señor, quien los sana"
(Éxodo 15:26)

Dr. Jesus

PREGUNTAS...

¿Qué Causa la Enfermedad?

Dios desea que sus hijos caminen en salud. Desafortunadamente, existe mucha enfermedad en el mundo. Porque se enferma la gente? Hay tres causas para la enfermedad. Se le puede atribuir a la enfermedad vivir en un mundo de pecado por la caída de Adán y Eva, a el trabajo de Satanás o a causas naturales. Vamos examinando cada una de ellas.

1. El pecado provoca enfermedad

Cuando Dios creó la Tierra, Él no creó la enfermedad. Él creó las aves del aire, los peces del mar, las plantas y los animales, pero el no creó el virus del resfrío o los canceres. Estos aparecieron cuando Satanás trajo corrupción al plan perfecto de Dios.

Dios ordenó que Adán y Eva, *"De todo árbol del huerto podrás comer; pero del árbol del conocimiento del bien y del mal no comerás, porque el día que de él comas, ciertamente morirás"* (Génesis 2 :16-17).

Un día Eva caminaba en el Jardín de Edén cuando escuchó una voz. Hasta ese momento solo había escuchado la voz de Adán y la de Dios y este nuevo sonido la intrigo. Eva volteó hasta encontrar a una serpiente enrollada en una rama del árbol prohibido.

La serpiente dijo "Realmente dijo Dios, 'No deben comer de ningún árbol del jardín?'"

"Podemos comer de los árboles del jardín, pero Dios dijo, 'No deben comer del árbol que está en el centro del jardín, ni tampoco tocarlo o morirán,'" Eva le explicó cuidadosamente.

"Ciertamente no morirás," dijo la serpiente, contradiciendo a Dios directamente. "Pues Dios sabe que cuando coman sus ojos serán abiertos y serán como Dios, conociendo el bien y el mal." Al decir esto, Satanás la estaba tentando a cuestionar la palabra de Dios.

Cuando Eva escuchó esta mentira, vio el fruto y vio que era agradable a la vista y bueno para comer. En desobediencia directa a su Creador, ella tomó el fruto del árbol y lo mordió. Ella le dio el fruto a su esposo y el también lo mordió.

En ese momento la enfermedad entró en el mundo. Eva empezó a el proceso de una muerte inevitable. Inmediatamente su estómago le empezó a doler y se dio cuenta de lo que había hecho. Ese era un sentimiento nuevo; ningún otro alimento del jardín le causó esa sensación. Adán experimentó el primer dolor de cabeza al querer pensar de que manera se podía remediar el daño.

Por esta gran traición, Adán y Eva murieron espiritualmente y empezaron a morir físicamente. Sus órganos empezaron a desgastarse y esto empezó a causar enfermedad en sus cuerpos. Adán viviría otros novecientos treinta años, pero esta muerte empezó su proceso en ese momento. Como Santiago 1:15 explica, *"pecado, siendo consumado, da a luz la muerte."* La enfermedad es el resultado del pecado. Parece ser al romper la comunión con Dios. La raíz de la enfermedad es el pecado original de Satanás cuando el se rebeló en contra de Dios. Esta enfermedad se extendió a la Tierra cuando Adán y Eva desobedecieron a Dios en el Jardín de Edén. Finalmente toda enfermedad tiene su origen en el pecado.

Como la enfermedad es el resultado de pecado, la humanidad está en una gran necesidad de recibir salvación de tanto el pecado como los efectos del pecado. El pecado es una mancha en la maravillosa creación de Dios. Por la caída, la creación fue corrupta. Lo que Dios creó para bien, el demonio volvió en mal.

El pecado y la enfermedad entraron al mundo por la desobediencia. Pablo explica esta relación entre el pecado y la muerte,

"Por tanto, como el pecado entró en el mundo por un hombre y por el pecado la muerte, así la muerte pasó a todos los hombres, por cuanto todos pecaron" (Romanos 5:12) La muerte (y la enfermedad que lleva a la muerte) entraron al mundo por Adán y de esta manera, la muerte (enfermedad) vino a la raza humana, pues todos han pecado.

La enfermedad no es necesariamente el resultado de un pecado específico del individuo, sino es que el resultado de vivir en un mundo imperfecto y pecaminoso. Durante el tiempo de Jesús, la cultura Judía creía que toda enfermedad tenía su inicio en un pecado específico. Jesús rompió este concepto erróneo cuando sus discípulos le preguntaron acerca del hombre ciego, "Maestro, quien peco, este hombre o sus padres, para que el naciera ciego?"

"Ni este hombre ni sus padres pecaron," contesto Jesús (vea Juan 9)

> **Esperando dinero, una Mujer recibe su Milagro.**
>
> En nuestro festival en Panamá, una mujer lisiada entró cojeando hacia el campo con la idea de hacer algún dinero. Ella trajo su propia bolsa de ofrendas. Tomamos las ofrendas y ella fingió ser un ujier para pasar su propia bolsa. Luego ella metió su bolsa llena de billetes monedas debajo de su blusa. Uno de los ujieres vio a ella robando y la reportó con un policía cercano. Él vino y, le quitó la bolsa de las ofrendas y la hizo sentarse detrás de la plataforma. Cuando empezamos a orar por los enfermos, Jesús la tocó y ella empezó a caminar sin usas sus muletas. Ella subió a la plataforma y testificó que había llegado buscando el dinero, pero en lugar de eso ella había recibido un milagro.

La ceguera del hombre simplemente era el resultado de vivir en un mundo pecaminoso. Jesús continuó escupiendo en el piso, formó lodo con su saliva, y puso el lodo en los ojos del hombre, diciéndole que fuera a lavarse. Cuando el hombre obedeció a Jesús, fue sanado completamente. Jesús sanó al hombre para mostrar la obra de Dios en su vida.

Jesús negó que la enfermedad de este hombre fue causada por un pecado específico. Pero en otra ocasión, Jesús no negó la posibilidad de que un pecado especifico pudiera causar enfermedad.

Anteriormente Jesús había encontrado a otro hombre al que sano en el templo y le dijo, *"...ira, has sido sanado; no peques más, para que no te suceda algo peor"* (Vea Juan 5:1- 15). Al decir esto Jesús reconoció la posibilidad del pecado causando enfermedad. Por ejemplo, la mayoría de las enfermedades sexuales no serian problema si todo hombre y mujer fuera fiel en su matrimonio, toda la vida en una relación monogama como es la voluntad de Dios. El pecado sexual frecuentemente tiene como consecuencia las enfermedades sexuales. De la misma manera, existen otras enfermedades que son ocasionadas por pecados específicos.

El pecado nos separa del poder sanador de Dios. Es un estorbo para nuestras oraciones. *"vuestras iniquidades han hecho división entre vosotros y vuestro Dios y vuestros pecados han hecho que oculte de vosotros su rostro para no oíros"* (Isaías 59:2).

Las buenas noticias son que el arrepentimiento nos trae la sanidad para aquellas enfermedades relacionadas con algún pecado especifico y también para las enfermedades causadas por el pecado en el mundo. *"Confesaos vuestras ofensas unos a otros y orad unos por otros, para que seáis sanados..."* (Santiago 5:16). Si el pecado ha dado origen a la enfermedad en su vida, simplemente arrepiéntase de todo pecado y pídale sanidad a Dios. Dios quiere perdonarle sus pecados y sanar sus enfermedades (Salmo 103:3) Él lo perdonará completamente y de este perdón fluirá poder sanador.

La confesión de pecados abre la puerta a que Dios se mueva. Cuando usted confiesa sus pecados, esto rompe el poder del pecado en su vida. Al pedir perdón usted invita a Dios para borrar todos los efectos del pecado sobre su vida, incluyendo la enfermedad.

2. La obra de Satanás provoca enfermedad
"El ladrón viene a robar, matar y destruir..." (Juan 10:10). Satanás quiere robar su corazón, matar su cuerpo y destruir su vida. El diablo es el autor de la enfermedad y él a propósito inventó las

enfermedades mas crueles e inhumanas que pudo imaginar para ayudarle a lograr sus propósitos.

Jesús definitivamente le atribuye a Satanás la enfermedad. De hecho, usa la misma palabra, "epitimao," para reprender tanto a los demonios (Lucas 4:35) y a la enfermedad (Lucas 4:39). Jesús sabia que ambos vienen del mismo lugar, el fondo del infierno.

Algunas enfermedades son resultado directo de ser poseídos por un demonio. Un día la multitud trajo a Jesús un hombre poseído que estaba sordo y mudo. Jesús echó el demonio y sanó completamente a este hombre y pudo oír y ver (Mateo 12:22)

La última vez que limpie mi refrigerador, descubrí un platillo de comida en el fondo de la repisa derecha hacia la parte de atrás. Había estado ahí por tanto tiempo que no podía recordar que era y tuve que abrir la tapadera. Inmediatamente un olor llenó el cuarto. La comida estaba podrida. En cuanto olí esto lo tire a la basura. Después saque la bolsa de la basura. Durante todo este tiempo tenia una cara de asco. Creo que así se sintió Jesús cuando echó a los demonios. Cuando algo huele mal, no se puede tolerar su presencia.

No todas las enfermedades son el resultado directo de un demonio, pero en la Biblia vemos las fuerzas diabólicas que causan fiebres, sordera, ceguera y epilepsia. Las buenas noticias son que Jesús vino a destruir y echar a perder la obra de Satanás *"Para esto apareció el Hijo de Dios, para deshacer las obras del diablo"* (1 de Juan 3:8)

Cuando los evangelios relatan cuando Jesús echo fuera demonios, usan la palabra ekballo para describir este proceso. Esta es una palabra compuesta que se compone de la palabra ek que significa "fuera" y ballo que significa "echar" (ballo es de donde tomamos la palabra "balón"). Cuando se combinan estas dos palabras, significa "echar fuera" o "aventar violentamente." Jesús violentamente echó fuera a los demonios.

Cuando yo pienso en Jesús "echando fuera" demonios, me imagino un juego de béisbol y Jesús es el pitcher. Cada vez que un demonio quiere batear, veo que Jesús lo echa fuera. ¡Una posición desfavorable, fuera!

Cuando regresa a la banca, el demonio se queja con Satanás, "Entrenador, nunca vamos a ganar este juego, ese hombre es demasiado rápido."

Satanás ve al demonio, "No haga excusas, yo le pegue a la pelota una vez, y salió muy lejos."

El demonio murmura entre dientes, "Si, creíste que tenías un gol, pero al tercer día, Su Padre pescó la pelota y saliste permanentemente."

En ese gran juego, Jesús derrotó a todo demonio y su poder y autoridad y los dejo avergonzados públicamente al vencer en la cruz (Colosenses 2:15). Cuando Jesús ascendió al cielo, Él llamo a sus doce pitcher de repuesto y les dio el secreto del éxito. ¡Ahora cada creyente cuenta con la habilidad de echar fuera demonios de la misma manera en que lo hizo Jesús! ¡El dijo! *"en mi nombre echarán fuera demonios"* (Marcos 16:17).

3. El descuido de las leyes naturales causa enfermedad

Cuando yo era niño, me encantaba jugar en la lluvia. Era divertidísimo chapotear en los charcos y sentir las gotas de lluvia caer sobre mi rostro. Sin embargo, mi madre, que es una mujer muy sabia, sin falta me llamaba para entrar una vez que veía la lluvia. Cuando yo me quejaba, ella me explicaba detalladamente, "Daniel aun cuando es muy divertido jugar en la lluvia, no es recomendable. ¿Por qué? Porque los niños que se enfrían y se mojan con frecuencia se resfrían."

Existen ciertas leyes de la naturaleza que nunca cambian y deben respetarse para poder mantener la salud. Algunas personas se quejan, "Satanás me esta atacando con esta terrible enfermedad," pero la realidad es que, Satanás no tuvo nada que ver en el asunto. Su enfermedad es el resultado de su propia falta de sabiduría. Ellos se resfriaron por jugar en la lluvia; pueden tener cáncer por haber fumado; los pies les duelen por el exceso de peso por comer demasiada chatarra; o tiene alguna enfermedad cardiovascular por la falta de actividad física.

Cuando Satanás le dijo a Jesús que brincara del techo del templo, Jesús le respondió, "No tentaras al Señor tu Dios." Jesús sabe que existen estas leyes que dicen, "No deberás caer de lugares altos o se estrellará," así como existen leyes no escritas que dicen, "No comerá chatarra constantemente para no estar sobre peso y con tendencias a desarrollar enfermedades cardiovasculares." No tiente a Dios desobedeciendo las leyes naturales.

En muchos de estos casos, Dios no sana instantáneamente, pues una sanidad instantánea solo brinda una solución temporal. La enfermedad es realmente un síntoma de un problema mayor. Para poder obtener la sanidad verdadera, necesitamos cambiar los hábitos que nos han hecho llegar a la enfermedad. Las buenas noticias son que Dios nos dará la sabiduría para remediar el daño hecho por nuestra propia necedad. ¡Con su ayuda podemos lograr la sanidad completa!

Su cuerpo es el templo del Espíritu Santo (1 de Corintios 6:19). Dios quiere que mantenga el templo limpio y en buen estado.

¿Es Dios el que provoca la Enfermedad?

- Es Dios el que provoca la enfermedad? ¡No! Esto es algo que va totalmente en contra de su naturaleza. Todo lo que es bueno viene de Dios y todo lo que es malo viene de Satanás. La enfermedad definitivamente es mala.

Norvel Hays dice, "No existe enfermedad que venga del cielo, pues en el cielo no existe la enfermedad." Si Dios quisiera poner enfermedad en alguna persona, Él tendría que tomarla de Satanás. Esto es un cuadro tan ridículo, puede usted imaginar que Dios le pida algo a Satanás diciendo, "Escucha tengo a una persona a la cual quiero enseñarle algo, ¿me prestas un poco de cáncer?"

Pienso que Dios es completamente capaz de enseñarme sin necesidad de enfermedad. Existen otras formas de llamar mi atención. En la cruz, Jesús llevó nuestras enfermedades sobre Su propio cuerpo. Después de pagar tal precio por nuestro dolor, ¿porque elegir poner este dolor en alguna persona?

Jesús dijo, *"el Hijo del hombre no ha venido para perder las almas de los hombres, sino para salvarlas"* (Lucas 9:56) Jesús viene a salvar su vida, no a tomarla. Nunca causó Jesús la enfermedad de alguna persona mientras tuvo su ministerio aquí en la tierra. Si Jesús hubiera querido usar la enfermedad para castigar a una persona, todos los Fariseos de su tiempo hubieran muerto de lepra. Pero Jesús siempre responde con amor a los que se oponen a Él. Va completamente en contra de su naturaleza causar la enfermedad. En México tienen un dicho, "De tal palo tal astilla," que quiere decir que los hijos frecuentemente se parecen a sus padres. Bueno, yo quiero decirles, Jesús es igual a su Padre (Hebreos 1:3.)Si Jesús no causó la enfermedad a las personas cuando Él camino en la Tierra, su Padre tampoco causara la enfermedad en la actualidad.

¿Alguna vez a estado en una piscina y vio esos salvavidas de ese material blanco duro que flota colgados cerca del agua? Estos están estratégicamente puestos para que los salvavidas puedan aventarlos a las personas que lo necesiten. Cuando una persona se esta ahogando ésos salvavidas pueden salvar su vida! Jesús es como ese salvavidas que le damos a una persona que se esta ahogando; Él no jala a nadie para el fondo, Él nos levanta. Nuestro Señor es un Salvavidas.

¿Se puede imaginar el escándalo si algún salvavidas ve a una persona ahogándose y en lugar de darle el salvavidas le avienta ladrillos? Sin embargo algunas Iglesias están aventando ladrillos de duda como: "Dios no sana a nadie," o "Dios esta usando la enfermedad para enseñarme algo." Estas palabras de duda mandaran a un hombre que se esta ahogando al fondo del mar.

Siempre recuerde, Jesús nunca lo va a empujar hacia el fondo, Él siempre lo va a levantar. Cristo no toma su vida, Él salva su vida. El Hijo de Dios nunca le va a provocar enfermedad; Él siempre lo sanara.

Dios esta de su lado, el quiere sanarle. Dios no esta buscando la manera de traerle a casa al cielo, El quiere que viva una vida plena, satisfecha, sana aquí en la Tierra. Oral Roberts una vez dijo, "Yo creo en la sanidad porque creo en Jesucristo." Jesús y la sanidad son inseparables pues la sanidad es un componente esencial de la naturaleza de Jesús.

¿Dios Causó la Enfermedad de Job?

Me sorprende bastante que alguna persona culpe a Dios por la enfermedad de Job. La Biblia dice claramente que Satanás fue el que ocasionó los problemas de Job, *"Salió entonces Satanás de la presencia de Jehová e hirió a Job con una llaga maligna desde la planta del pie hasta la coronilla de la cabeza"* (Job 2:7). No le atribuya a Dios la obra de Satanás.

La razón por la que las personas culpan a Dios por la enfermedad de Job es porque Dios permitió esta enfermedad. Ahora, en cierto sentido, esto es cierto. Nada puede ocurrir sin que Dios lo permita. Pero como Dios ha dado libre albedrío a su creación, ocurren muchos eventos que no son la voluntad de Dios. Dios permite que ocurran, pero no los ocasiona.

Varias veces, Satanás le pidió a Dios que extendiera Su mano en contra de Job. Por las palabras de Satanás, algunos Cristianos piensan que Dios mandó la enfermedad a Job, pero considere la fuente. Es Satanás el que esta hablando. Yo pienso que Satanás estaba retando a Dios pidiendo que haga algo que normalmente no haría.

Aun cuando Dios le dio permiso a Satanás de poner la enfermedad sobre Job, Dios no le dio la comisión de traer enfermedad a Job. Como explico Kene Hagan, "Dios le permite robar una gasolinera pero no lo comisiona a robarla."

En realidad Dios simplemente le permitió a Satanás operar basado en el principio de libre albedrío. Satanás trató de culpar a Dios; Los amigos de Job también culparon a Dios, y aun Job sospecho que Dios le había ocasionado su enfermedad, pero Dios nunca dijo que fue obra de Él. La Biblia pone la culpa de los problemas de Job completamente sobre Satanás.

Al final del libro de Job, vemos el verdadero carácter de Dios. Él entra al escenario como el sanador que restaura la salud y riqueza de Job. Dios siempre restaura nunca destruye

¿Cuan fue el aguijón en la carne de Pablo?

¿El aguijón en la carne de Pablo era una enfermedad? Algunos hombres de letras creen que este aguijón que menciona Pablo en la 2 da Carta a los Corinitos era una enfermedad de los ojos. Esta conclusión se basa en la evidencia de circunstancias que se encuentran en el libro de Gálatas capítulo 4, Pablo les recuerda a los Gálatas "fue por una enfermedad que primero yo les prediqué el evangelio." Dos versículos mas tarde, el menciona "si hubiereis podido, os hubiereis sacado vuestros propios ojos para dármelos." Esta cercanía al mencionar una enfermedad y cuando se menciona sus ojos da la impresión que su enfermedad pudo haber sido de los ojos. Mas adelante en esta misma carta, Pablo dice, *"¡Mirad con cuan grandes letras os escribo de mi propia mano!"* (Galatas 6:11). Si Pablo si realmente tenía problemas con sus ojos, hubiera escrito con letras grandes. Sin embargo, toda esta evidencia no es sino especulación.

Pablo nunca dice claramente que el aguijón en la carne sea una enfermedad. De hecho lo llama un "mensajero de Satanás." La palabra en Griego para mensajero es angelos que se encuentra en el Nuevo Testamento mas de cien veces. La palabra se traduce "mensajero" en un total de siete veces, pero nunca se usa como "enfermedad." En ninguna parte de la Biblia se le llama a una enfermedad *"mensajero de Satanás."* En Números 33:55, a las personas que habitaban la tierra de Canaan se les llama *"aguijones en el costado,"* y en Josué 23:13 a los habitantes de Canaan se les dice *"aguijones en nuestros ojos."* En estos dos casos, los "aguijones" son personalidades. Yo pienso que el "aguijón" era algún demonio o persona que atormentaba a Pablo. Por lo tanto, no existe razón para suponer que el aguijón de Pablo era una enfermedad.

¿Acaso Dios Desea que Viva una Vida de Plenitud?

La enfermedad puede ser física, mental o espiritual. Las personas se componen de tres partes espíritu, alma y cuerpo. En el fondo de nuestra persona, somos seres espirituales. Contamos con un alma que se compone de mente, voluntad y emociones. Vivimos en un cuerpo. La falta de totalidad en alguna de estas áreas puede producir una manifestación física. Por ejemplo, el cuerpo necesita ciertas vitaminas y minerales para poder operar a su máxima capacidad. Si el cuerpo no recibe la cantidad total de vitaminas, eventualmente el cuerpo empieza a deteriorarse y enfermarse. La falta de esta totalidad en el cuerpo produce síntomas físicos.

La falta de totalidad en alma también puede ocasionar enfermedad. El estrés emocional y la enfermedad mental con frecuencia producen enfermedades físicas. La enfermedad también puede ser el resultado de una mala actitud mental. La ciencia ha demostrado que muchas personas se enferman porque piensan que están enfermas. Esto es le resultado de una totalidad mental.

Otra causa de la enfermedad es la falta de totalidad espiritual. Pecado, aun un pecado pequeño, crea un espiral de bajada que finalmente llega a la muerte. El pecado es una enfermedad del espíritu que ocasiona efectos físicos.

La meta de Jesús es restaurar la totalidad al hombre completo. Cuando Jesús sanó al hombre paralítico que bajaron por el techo sus amigos, Él sanó tres problemas. Primero, Él animó el alma de este hombre diciendo, "Ten ánimo." Segundo, Él sanó la condición espiritual de este hombre al perdonar sus pecados. Tercero, Él sanó el cuerpo de este hombre. Esto restauró al hombre a una salud espiritual, mental y física completa.

Dios quiere que usted experimente mas que solo una sanidad física de una sola ocasión, Él quiere que usted camine con salud divina de espíritu, alma y cuerpo. La salud es mas que un evento, es un proceso. En el caso de este hombre, que bajaron sus amigos por el techo, Jesús solo restauró la salud del hombre después de haber restaurado su salud mental y espiritual.

Jesús quiere restaurar a las personas a un estado de plenitud completa. De nada sirve que Dios restaure su cuerpo si su espíritu esta enfermo o su estado emocional esta inestable. Jesús siempre hará lo necesario para lograr su plenitud.

¿Por que hay personas que pierden su sanidad?

Jesús contó esta historia, *"Cuando el espíritu impuro sale del hombre, anda por lugares secos buscando reposo, pero no lo halla. Entonces dice: "Volveré a mi casa, de donde salí». Cuando llega, la halla desocupada, barrida y adornada. Entonces va y toma consigo otros siete espíritus peores que él, y entran y habitan allí;*

y el estado final de aquel hombre viene a ser peor que el primero" (Mateo 12: 43-45).

Los demonios que causan su enfermedad se han hecho flojos jugando con su salud. Después de que una enfermedad es echada fuera, las fuerzas demoníacas con frecuencia trataran de regresar con un ataque aun mas fuerte. Usted debe mantener su salud viviendo en un ambiente de fe. Ahuyentando esta "segunda ola" de ataque hablando palabras de fe sobre su vida. Este firme, resista al diablo; y reclame su sanidad.

Para poder mantener su sanidad, necesita estar en un contacto constante con su Sanador. Note que el demonio en la ilustración de Jesús regresa y encuentra la casa "vacía." Solo puede resistir esta nueva invasión si mantiene su vida llena de Dios. No permita que quede el letrero de "Vacante" en la puerta de su corazón. Recuerde, si Satanás encuentra un espacio en su vida lo tomara.

Satanás con frecuencia tratara de robar su sanidad multiplicando sus esfuerzos para tentarnos. Jesús le dijo a un hombre que sano, *"has sido sanado; no peques más, para que no te suceda algo peor"* (Juan 5:14), Si usted empieza a pecar después de ser sanado, esto abre la puerta al diablo para que ataque su vida de nuevo. Para que puede mantener su sanidad, es vital que sea lleno del espíritu Santo y resista la tentación.

También puede reclamar las promesas de Dios que se encuentran en Nahúm 1:9, *"no tomará venganza dos veces de sus enemigos!"* Nunca es la voluntad de Dios que usted vuelva a enfermarse. Si Satanás trata de volver a poner la misma enfermedad sobre usted recordándole su pasado, solo recuérdele a el su futuro!

¿Por que hay Sanidades que Toman Mucho Tiempo?

John Tasch me contó esta historia. En China existe un tipo de bambú que logra un crecimiento impresionante en un periodo corto de tiempo. Este bambú Chino crecerá a la altura de un edificio de nueve pisos. Sin embargo, requiere de una planeación cuidadosa. El agricultor debe plantar la semilla en una tierra perfecta, después de esto deberá regarla sin falta.

Durante el primer año que agricultor riega la planta nada sucede. Aun cuando esta planta no se puede ver, el agricultor debe continuar regando y fertilizando la tierra. Pasan dos años y nada pasa. Tres años y el agricultor deberá continuar regando. Cuatro años pasan y aun no hay ni una señal del bambú. Finalmente, el quinto año aparece una pequeña planta.

En el transcurso de cinco semanas después de que aparece la primer plantita, el bambú crecerá a más de nueve pies de altura! Acaso creció el bambú nueve pies en este corto tiempo, o creció nueve pies en cinco años?

Aun cuando se pudo observar éste increíble crecimiento en un periodo de cinco semanas, realmente tomó cinco años para que este bambú chino creciera. Si el agricultor hubiera tomado una semana de descanso y no regara la semilla del bambú, nunca hubiera ocurrido este crecimiento. Durante cinco años la planta estuvo desarrollando raíces para poder apoyar éste increíble crecimiento. Sin estos cinco años de riego, cinco semanas de crecimiento no pueden ocurrir.

Nuestra fe frecuentemente funciona de la misma manera.

Durante años estamos desarrollando la fe al leer la Palabra de Dios, al confesar Sus promesas y orar. Luego, cuando necesitemos un milagro, ocurrirá. ¿Pero, el milagro entonces ocurrió en ese instante, o tomo tiempo para desarrollar nuestra fe?

Por eso es que es tan importante que usted lea este libo, aun cuando no esté enfermo. Ahora está desarrollando su fe para la sanidad, así que cuando Satanás trate de atacarle, usted estará listo para su milagro.

Si usted está enfermo necesita continuar desarrollando su fe. Siga leyendo la Palabra de Dios y confesando Sus promesas. Su sanidad vendrá! Aun cuando usted no vea la evidencia de su sanidad ahora, siga regando su fe. Está desarrollando las raíces necesarias en su corazón y en el tiempo perfecto, Dios llevará a cabo el milagro!

Hindúes descubren que Jesús está vivo.

En Surkhet, Nepal, el mensaje de la primera noche estaba en el poder del nombre de Jesús. Miles de personas gritaban el Nombre de Jesús. Muchos de ellos Hindúes llamando a Jesús por primera vez. En medio del sermón, un caballero anciano a la derecha de la plataforma saltó con sus pies y levantó su bastón en el aire. El empezó gritar ¡Estoy Sano! ¡Estoy Sano!. La multitud entera se volvió a mirarlo. Lanzó su bastón al suelo y comenzó a levantar sus manos sobre la cabeza. Había una enorme sonrisa en su rostro arrugado. Después de éste milagro espontáneo, la predicación terminó abruptamente cuando Dios comenzó a tocar a la gente a través del campo.

Las personas corrían hacia adelante para dar sus testimonios. Un ojo ciego fue abierto. Un hombre que tenía dolor en su espalda por cuatro años fue sanado. Entonces, un hombre Hindú llegó a la plataforma. Explicó que había sido sordo del oído derecho por cinco años. Mientas escuchaba el sermón, su oído se abrió y pudo oír. Probamos su audición y él podía repetir incluso el susurro suave.

Al final del servicio del primer día, cuando las personas salían del campo, era obvia que la noticia de lo que había ocurrido sería extendida a través de la ciudad. Debido a los milagros, miles de Hindúes dieron la espalda a trescientos treinta millones de dioses, con el fin de seguir a El único y verdadero Dios, Jesucristo.

¿Por que Algunas Personas No Sanan?

1. La ignorancia de las promesas de Dios

El número de razones por las cuales las personas no sanan es porque ignoran las promesas de Dios con respecto a su sanidad, Dios dice, *"Mi pueblo fue destruido porque le faltó conocimiento"* (Óseas 4:6). Ésta es una de las mayores tragedias de la iglesia en la actualidad.

El conocimiento es el único antídoto para la ignorancia. Dios proclama, "Yo soy Jehová, tu sanador." Los Evangelios están llenos de historias sobre Jesús sanando gente; y la Biblia tiene cientos de promesas relacionadas a la sanidad. Nosotros podemos sanar nuestra ignorancia familiarizándonos con la verdad de la Palabra de Dios.

Cuando yo tome exámenes en la universidad, yo leía el libro de texto, tomaba notas detalladas y repetía el material varias veces hasta que sentía que ya lo sabía. Este mismo proceso es excelente para desarrollar la fe. Lea la Biblia, tome notas sobre lo que le está diciendo sobre la sanidad y repita verbalmente esta verdad vez tras vez (esto se llama confesión) hasta que usted este seguro que conoce la verdad sobre la voluntad de Dios con respecto a la sanidad.

2. Tradiciones del hombre

Durante siglos, el hombre ha inventado tradiciones que no se encuentran en la Biblia. Algunas Iglesias dicen que la era de los milagros ya paso, otros dicen que Dios es el que causa las enfermedades para tratar con nosotros y aun otros dicen que no es la voluntad de Dios sanar a las personas. ¿Cómo se desarrollaron estas tradiciones?

La primera iglesia creía en la sanidad y con frecuencia experimentaban milagros de sanidad. Pero con el tiempo, al hacerse tibios algunos miembros de la iglesia, no tenían suficiente fe para creer en la sanidad. En lugar de culpar su propia falta de fe, el hombre invento razones para culpar a Dios. Como no experimentaban milagros, no creían que los milagros eran posibles.

Nunca permita que una experiencia negativa determine su teología. La mayoría de las doctrinas de la sanidad están basadas en las experiencias de los hombres (o la falta de experiencia), en lugar de la Palabra de Dios. No permita que las experiencias del pasado de alguna persona le dicte su nivel de confianza en Dios. Porque debe de tomar la palabra de alguna persona que tiene una teología basada en la duda? La duda y la falta de fe no están basadas en la Biblia, sino que son una mentira perversa sobre las buenas nuevas.

Su teología debe estar basada en la Palabra de Dios. Si usted no puede tomar Su Palabra como completa verdad, ¿que derecho tiene de creer que es salvo? Si uno acepta el hecho que Dios quiere salvarnos, también debe tomar el hecho indisputable de que Dios quiere que caminemos en completa salud. Ninguna de estas doctrinas se basa en la experiencia, sino en la fe en la Palabra de Dios.

¿Cómo sabe que ira al cielo cuando muera? ¿Alguna vez ha muerto e ido al cielo? No, usted sabe que es salvo por su fe en la promesa de Dios de la salvación.

¿Como sabe que será sanado? No importa si ha tenido alguna manifestación de sanidad física. Usted puede saber que será sanado por su fe en la promesa de Dios sobre la sanidad. Usted fue sanado hace dos mil años; usted es sanado ahora y será sanado en el futuro.

3. Pecado

El pecado detiene la bendición de Dios. Cuando escondemos pecado en nuestro corazón deliberadamente, nuestra oraciones rebotan en las puertas del cielo. Como mencionó el salmista, *"Si en mi corazón hubiera yo mirado a la maldad, el Señor no me habría escuchado"* (Salmo 66:18). Para entrar al lugar donde esta el trono de Dios se necesita el arrepentimiento.

El Poder de la Sanidad

Existen dos pecados que son especialmente peligrosos. Primero la falta de perdón hacia otro ser humano que crea un ácido amargo que se come al hombre espiritual. Eventualmente esto afectara su salud física. La falta de perdón en su corazón le daña mas a usted que a la persona a la que se dirige esta falta de perdón. Si usted esta enojado con alguien, arrepiéntase y perdone esto abrirá la puerta para la sanidad.

Segundo, es importante no tener amargura. Muy frecuentemente las personas dicen, "Bueno, yo estuve orando por mi tía durante tres años y ella murió de cáncer. Yo no creo en eso de la sanidad." Su amargura esta deteniendo la bendición de Dios. Si usted esta sintiendo amargura hacia Dios, el arrepentimiento es la clave para su sanidad. No permita que los errores del pasado le impida recibir los milagros de hoy.

Las buenas noticias son que la sangre de Jesús lava todo pecado en el momento en que usted se arrepienta y pida perdón. Una vez que las manchas del pecado sean reemplazadas por la vestidura limpia de justicia, Dios puede moverse en el área de la sanidad.

4. Falta de Fe

Cuando Jesús regreso a la ciudad donde creció a Nazaret, el no pudo sanar por la falta de fe que existía en ese lugar. *"Vino a su tierra y les enseñaba en la sinagoga de ellos, de tal manera que se maravillaban y decían: ¿De dónde saca este esta sabiduría y estos milagros? ¿No es este el hijo del carpintero? ¿No se llama su madre María, y sus hermanos, Jacobo, José, Simón y Judas? ¿No están todas sus hermanas con nosotros? ¿De dónde, pues, saca este todas estas cosas? Y se escandalizaban de él. Pero Jesús les dijo: No hay profeta sin honra, sino en su propia tierra y en su casa. Y no hizo allí muchos milagros debido a la incredulidad de ellos"* (Mateo 13: 54-48). En este caso el poder de la sanidad se detuvo cuando empezó la incredulidad.

Su vida espiritual es como un sube y baja. Dios esta de un lado votando a favor suyo y Satanás esta de el otro lado votando en su contra. La dirección en la que usted camine determinará para donde ira el sube y baja. Dios esta a su favor y Satanás esta en su contra y su fe es el factor que determinará el resultado.

5. Misterio Divino

La falta de fe no es la única razón por la cual algunas personas no son sanadas. Existen algunos Cristianos muy fieles que hacen mucho de lo que deben y mueren. A Oran Roberts le preguntaron en una ocasión por que hay ocasiones en las que las personas no sanan. El contesto, "No lo se por que algunas personas sanan y otras no, pero yo le doy gracias a Dios por aquellas que si sanan."

Como Dios es omnipresente, Él escucha todas las oraciones. Como Dios es omnipotente, Él tiene la capacidad de contestar toda oración. Pero como Dios es omnisciente, Él no siempre contesta las oraciones de la manera en que nosotros queremos. Como nuestro Padre todo lo sabe, Él sabe que es mejor para nosotros. En algunas ocasiones cuando los hijos de Dios piden sanidad, no sanan inmediatamente, pero esto no significa que Dios no los sanará.

En las Crónicas de Narnia, el autor C.S. Lewis utilizó a un león llamado Aslan para representar a Jesús. Uno de los personajes observa que este es un león seguro, pero no manso. Él no dañará a nadie, pero no se le puede ordenar tampoco. Existe un chiste antiguo que cuentan los niños que pregunta, "En donde se sienta el león?" y la respuesta es "En donde Él quiera." De la misma manera Dios, así como el rey de las bestias, es soberano. Estamos completamente seguros en Sus manos, pero no podemos forzarle a hacer nada que Él no este listo para hacer.

Pablo escribe, *"¡Profundidad de las riquezas, de la sabiduría y del conocimiento de Dios! ¡Cuán insondables son sus juicios e inescrutables sus caminos!, porque, ¿quién entendió la mente del Señor? ¿o quién fue su consejero? ¿Quién le dio a él primero, para que le fuera recompensado?, porque de él, por él y para él son todas las cosas. A él sea la gloria por los siglos. Amén"* (Romanos 11:33-36)

En ocasiones el misterio de por que algunas personas no son sanadas se debe dejar en manos de Dios. Lo que si se es que no debemos permitir que los fracasos disminuyan nuestra fe en la habilidad de Dios para sanar. El misterio divino debe quedarse como misterio, pero debemos recordad que Dios quiere que todos sus hijos caminen en salud supernatural y eventualmente todos los creyentes resucitarán con cuerpos que no se deteriorarán o perecerán. Ese día la enfermedad será una cosa del pasado!

¿Puedo Tener Fe en Dios y Consultar a los Médicos?

Los servicios de Salud forman parte de una de las industrias mas grandes de este país. La búsqueda de la salud consume casi doce por ciento del producto nacional y ocupa a millones de profesionales en el área de la salud. Sin duda miles de personas son sanadas por estos profesionistas anualmente. Los medicamentos, las cirugía y la terapia son utilizados por Dios para sanar.

Yo valoro el mundo de la medicina, pero creo que toda sanidad la da Dios ya sea por medios médicos o por medios supernaturales. C.S. Lewis dice, "Todos son sanados por Dios, no solo en el sentido que Él provee la asistencia médica y un ambiente sano, sino que también en el sentido que Dios repara sus tejidos con Su poder que desciende de Él y da energía a todo el sistema de la Naturaleza."

Cada uno de nosotros es *"porque formidables, maravillosas son tus obras, estoy maravillado"* (Salmo 139:14) y el proceso de sanidad depende completamente de los principios de sanidad que Dios puso en su maravilloso sistema. Toda sanidad se puede investigar hasta llegar a Dios; Él creó las plantas de donde producen los medicamentos; Él creó los cerebros de los cirujanos y Él dirige sus manos cuando operan. Dios es el sanador independientemente si es la medicina o los médicos los que sanan. Siempre debemos de dar la gloria a Dios por nuestra sanidad y agradecerle por la habilidad de los médicos que nos tratan.

Yo no creo que este bien simplemente confiar en Dios ignorando la profesión medica. De hecho, todos los medicamentos están a favor de la sanidad que es mucho mas que todos los cristianos. Como toda sanidad viene de Dios, esta muy bien buscar ayuda de la ciencia. Usted puede confiar en Dios al conducir, pero siempre es buena idea usar el cinturón de seguridad. De la misma manera, usted puede creer en la sanidad por fe y acudir con un médico sin comprometer su fe.

Los médicos merecen reconocimiento, pero tampoco tienen todas las respuestas. Por ejemplo, la mujer con flujo de sangre buscó ayuda médica durante doce años. Ella gastó todo su dinero con los médicos, pero no pudieron ayudarla. Cuando los médicos se den por vencidos, es hora de buscar al médico Jesús!

Jesús es el gran médico. Él se especializa en toda enfermedad, Él nunca se equivoca. Él nunca da la medicina incorrecta. Nunca se tiene que preocupar por microbios cuando Él le toque, ni esperar mucho tiempo para verlo. No tiene que llenar formas larguísimas sobre su historia médica pues Él ya la conoce aun mejor que usted. Toda esta cirugía es gratuita así que no tiene que preocuparse por el pago. Su oficina esta abierta las veinticuatro horas, los siete días de la semana. Definitivamente el Dr. Jesús es la mejor decisión para el cuidado médico.

El Poder de la Sanidad

¿La Enfermedad Tiene que Ser Parte de la Muerte?

Dios no nos prometió que no moriríamos (Hebreos 9:27), pero Él le aseguró a los Israelitas, *"Pero serviréis a Jehová, vuestro Dios..."Yo apartaré de ti toda enfermedad...y alargaré el número de tus días"* (Éxodo 23:25-26). Lo que dice este versículo es que si adoramos a Dios y le obedecemos, Él nos garantiza un cuerpo sano hasta que termine nuestra vida. Hay una cantidad de años que estamos predestinados a vivir para cumplir el propósito de Dios. Si muere antes, no termina su trabajo. Y si la enfermedad le impide no podrá cumplir su misión.

Yo creo que Dios quiere que muramos sin sufrir enfermedad. Yo quiero vivir mi vida a su máximo y cuando tenga que ir al cielo, quiero simplemente dormir y yano despertar. Dios no quiere que muramos después de una enfermedad dolorosa; Él quiere que vivamos en paz hasta el día que nos llame a casa.

¿Yo Puedo Sanar a los Enfermos?

Todos los días Jesús sanaba a toda la gente que podía. Él viajaba de pueblo en pueblo predicando las buenas nuevas, desarrollando la fe de los que le escuchaban y sanando sus enfermedades. Pero Jesús sabía que era imposible físicamente que Él sanara a todos los enfermos de Israel.

Un día Él estaba viendo a la multitud y tuvo compasión de ellos. La gente parecía sembradíos de trigo, un cultivo listo para la ciega en el Reino de Dios. Jesús sabía que no podría recoger todo este campo por lo que les dijo a sus discípulos que oraran para que el Señor de la cosecha mandara trabajadores para los campos.

Ahora la Biblia no nos dice si los discípulos obedecieron a Jesús y oraron por los trabajadores, pero yo pienso que si porque en el siguiente versículo se contesta esta oración. Jesús mandó a sus discípulos como trabajadores a los campos de la cosecha. Esto es emocionante porque los discípulos fueron la respuesta a su propia oración!

Vamos a ver lo que hizo Jesús, *"...llamando a sus doce discípulos, les dio autoridad sobre los espíritus impuros, para que los echaran fuera y para sanar toda enfermedad y toda dolencia"* (Mateo 10:1). Wow! Solo unos cuantos versículos antes, la Biblia nos dice que Jesús estaba sanando "toda enfermedad," y ahora Jesús esta dando autoridad a los discípulos para sanar "toda enfermedad"!

Jesús le dio a los discípulos el poder para hacer todo lo que Él hizo. *"De cierto os digo: El que en mí cree, las obras que yo hago, él también las hará; y aun mayores hará, porque yo voy al Padre"* (Juan 14:12).

Jesús ordenó a sus seguidores que, *"Sanad enfermos, limpiad leprosos, resucitad muertos, echad fuera demonios; de gracia recibisteis, dad de gracia"* (Mateo 10:8). Este mandamiento nunca fue cancelado, permanece hasta el día de hoy. A la iglesia se le llama a sanar a los enfermos.

¿Alguna vez escuchó el chiste sobre el perro cristiano? Era un perro increíble y obediente. Cando su amo le pedía que se "sentara" se sentaba inmediatamente. Cuando le pedía que trajera algo, inmediatamente lo traía. Pero mejor que todo cuando le pedían que sanara, inmediatamente corría a imponer la patita en algún enfermo y ladraba su oración.

Esta es una historia chistosa, pero contiene una verdad difícil de comprender. Los perros que están entrenados bien están ansiosos de agradar a su amo y obedecen todas las instrucciones. Nosotros también debemos estar ansiosos de agradar a nuestro Señor Jesús nos ha ordenado sanar y es lo que debemos hacer.

Antes de regresar al cielo, Jesús le dijo a sus discípulos.

"Id por todo el mundo y predicad el evangelio a toda criatura... Estas señales seguirán a los que creen... sobre los enfermos pondrán sus manos, y sanarán" (Marcos 16:15-18), siempre estamos

emocionados sobre lo que Dios va a hacer, pero Dios también esta emocionado sobre lo que nosotros vamos a hacer. Dios lo puede hacer todo, Él solo esta esperando que nosotros hagamos algo.

Dios esta ansioso esperando que uno de Sus hijos crea Su Palabra. Una vez que nuestra fe esta alineada con Su promesa, Dios se emociona, pues finalmente, Él puede moverse por nosotros. Jesús dice, *"todo es posible para el que cree"* (Marcos 9:23). Usted puede estar en el poder sanador de Dios! Usted puede sanar a los enfermos!

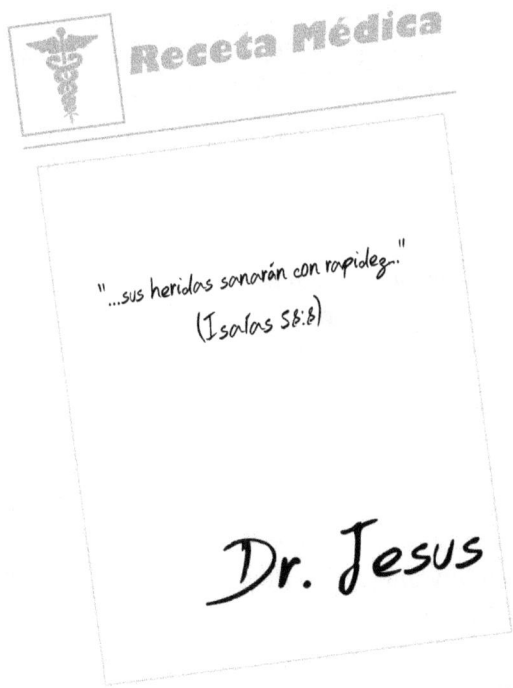

6,000 Años de Historia de Sanidad

Los Diez Mejores Milagros Más Notorios del Antiguo Testamento.

1. Mujer de 90 años da a luz
En esta impresionante historia, Dios cumplió su promesa sanando la matriz estéril de Sara, Lea mas sobre esta historia en: Génesis 17:17-19; Génesis 21:1-6; Romanos 4:19-20; Hebreos 11:11-12.

2. Miles Sanados de Piquetes de Víboras Venenosas
Moisés, el líder de Israel presentó una sorpresa de sanidad cuando levantó una estatua de bronce de una víbora. Todo el que volteara a ver la estatua de la víbora quedaría sanado de los piquetes. Lea mas en Números 21:4-9; Juan 3:14-15

3. Miriam fue Sanada de Lepra
Miriam la hermana de Moisés desarrolló una terrible enfermedad de la piel. Después de que Moisés oró por ella, ella fue sanada. Lea mas sobre este evento en: Números 12: 10-15.

4. Hijo de Mujer Sunamita es Levantado de los Muertos
Elías originalmente sanó la matriz de esta mujer estéril para poder dar a luz un hijo y cuando este niño murió de una alta temperatura, Elías lo levantó de los muertos. Lea mas sobre esta historia en 2 de Reyes 4:8-37

5. Comandante del Ejercito Enemigo es Sanado de Lepra
Naamán era un extranjero, pero fue sanado después de que Elías le dijo que se bañara en el Río jordán siete veces. Lea masen: 2deReyes5

6. Hombre Muerto Camina Después de Tocar los Huesos de Elías

En este extraño milagro, un hombre muerto fue echado en la tumba de Elías. En el momento en que tocó los huesos ungidos, se levantó a sus pies. Lea mas en 2 de Reyes 13: 20-21

7. Mujer estéril da a Luz

Después de que Ana clamó al Señor para que la sanara, ella dio a luz a un niño al cual llamo Samuel. Lea mas en 1 de Samuel 1

8. El Rey Malo Jeroboam es Sanado de su Mano Seca

La mano del rey se había secado a causa de su idolatría, pero cuando el profeta oró por él, su mano volvió a la normalidad. Lea mas sobre esta historia en: 1 de Reyes 13: 1-6

9. El Rey Ezequias Recibe 15 años mas de Vida

Se esperaba que muriera, pero después de que el rey oró, Isaías el profeta le dijo que se recuperaría. Lea mas en: 2 de Reyes 20: 1-11; 2 de Crónicas 30-32; Isaías 38

Un Policía medio ciego ahora puede ver

"Usted necesita más seguridad" nos dijo el jefe de policía en Faisalabad, Pakistan. Sospechamos que la razón principal por la que quería que tuviéramos más seguridad, era porque quería que pagáramos sus horas extras como policía. Él envió más de doscientos policías para protegernos.

Uno de los policías se llamaba Mohammad Nasim. Estaba ciego de su ojo izquierdo debido a un accidente de entrenamiento. Una noche, Jesús sanó su ojo y de repente, él fue capaz de ver. El policía musulmán llegó a la plataforma y dijo a la multitud entera que Jesús le había sanado. Debido a ese milagro, todos los policías empezaron a traer a sus esposas e hijos al festival, para que pudieran ver lo que Jesús estaba haciendo.

10. Job Vive 140 Anos Después de que Dios lo Sana

Satanás atacó a Job con ampollas muy dolorosas en todo su cuerpo. A pesar de este padecimiento Job continuo alabandó a Dios, por esto Job fue completamente sanado. Lea mas en el libro de Job.

Los Mejores Milagros de Jesus

Como ejercicio para desarrollar la fe, yo les animo a que lean sobre cada uno de estos milagros de Jesús.

Jesús echa fuera un espíritu maligno Marcos 1:21-28; Lucas 4:36-37

La sanidad de la suegra de Simón Sanidades durante la hora nocturna Mateo 8:14-15; Marcos 1:29-31; Lucas 4:38-39

El leproso Mateo 8:1-4; Marcos 1:40-44; Lucas 5:12-16

El paralítico Mateo 9:1-8; Marcos 2:1-12; Lucas 5:17-26

La mano seca Mateo 12:9-14; Marcos 3:1-6; Lucas 6:6-11

Sanidad en Galilea Mateo 12:15-21; Marcos 3:7-12; Lucas 6:17-19

Los demonios de los gadarenos Mateo 8:28-34; Marcos 5:1-20; Lucas 8:26-39

La resurrección de la hija de Jairo y la mujer con el problema de sangrado Mateo 9:18-26; Marcos 5:21-43; Lucas 8:40-56

Sanidades en Gennesaret Mateo 14:34-36; Marcos 6:53-56

El Poder de la Sanidad

La mujer Cananita Mateo 15:21-28; Marcos 7:24-30

El sordomudo Marcos 7:31-37

El hombre ciego de Betsaida Marcos 8:22-26

El niño epiléptico Mateo 17:14- 21; Marcos 9:14-29; Lucas 9:37-43

Bartolomeo el ciego Mateo 20:29-34; Marcos 10:46-52; Lucas 18:35-43

El siervo del centurión Mateo 8:5-13; Lucas 7:1-10

Sanidades en la sinagoga de Galilea Mateo 4:23

Los dos hombres ciegos Mateo 9:27-31

El mudo endemoniado Mateo 9:32-34

Sanidades en todo Galilea Mateo 9:35

Los ciegos y mudos endemoniados Mateo 12:22

Sanidades entre la gran multitud Mateo 14:14

Sanidades en la montaña Mateo 15:29-31

Sanidades cerca del Río Jordán Sanidades en el templo Mateo 19:2

El hijo de la viuda en Nain Lucas 7:11-17

Sanidades para probar Mesiazgo a Juan Lucas 7:21
Sanidades en Betseida Lucas 9:11

La mujer paralítica Lucas 13:10-13

El hombre con hidropia Lucas 14:1-6

El oído de un siervo del sacerdote Señales en Jerusalén Lucas 22:51

El hijo del oficial Juan 4:46-54

El hombre cojo de Betseida Juan 5:1-15

El hombre que nació ciego Resurrección de Lázaro Juan 11:1-44

Los Diez Mejores Milagros
Más Notorios del Nuevo Testamento

1. Hombre paralítico Causa escándalo en el Templo Después de Ser Sanado
Dos seguidores de Jesús, Pedro y Juan, sanaron a el hombre paralítico que se sentaba en las puestas del templo. Después de que fue sanado, el hombre fue corriendo y saltando y alabando a Dios. Lea mas sobre esta historia en: Hechos 3: 1-10

2. La Sombra de Pedro Sana a los Enfermos
Pedro estaba tan lleno de la unción de Dios que aun su sombra tenía poder para sanar a los enfermos. Lea en: Hechos 5:15

3. Esteban Hace Señales y Prodigios
   Aun cuando Esteban solo era un di ácono, su ministerio resultó en milagros similares a los de los apóstoles originales. Lea mas sobre este evento en: Hechos 6:8

4. Muchos Paralíticos Sanados
   Cuando Felipe viajo a la ciudad de Samaria a predicar el evangelio, el echó fuera demonios y sanó a los enfermos, esto produjo gran gozo en la ciudad. Lea mas en: Hechos 8: 5-8

5. Simón el Hechicero Trata de Comprar el Poder de Dios
   Simón estaba impresionado por los milagros de los apóstoles y trato de comprar este poder. Para su sorpresa Pedro lo reprendió. Lea en: Hechos 8: 9-25

6. Saulo es Sanado de la Ceguera
   Saulo persiguió a los cristianos hasta que fue cegado por una luz del cielo al estar viajando a Damascos. Mas adelante su vista fue restaurada cuando Ananias oró por él y él se convirtió al cristianismo. Lea mas sobre esta historia en: Hechos 9: 1-30 y Hechos 22

7. Tabita es Levantada de los Muertos
   Pedro provocó gran gozo en la iglesia de Joppa cuando levantó a una mujer llamada Tabita de los muertos. Lea mas en: Hechos 16:16-40.

8. Mujer Esclava es Liberada
   Después de que Pedro echó fuera un demonio de una muchacha adivinadora, él y Silas fueron echados en la cárcel. Pero durante la noche, un temblor los liberó. Lea mas en: Hechos 16: 16-40

9. Muchacho que Cayó de un Segundo Piso es Levantado de los Muertos

Un joven llamado Eutico se quedó dormido y cayó de una ventana en el segundo piso mientras el apóstol Pablo predicaba. Pego en el suelo y fue declarado muerto hasta que Pablo oro por él. Se reporto que después que ocurrió este milagro y el muchacho fue levantado de los muertos, Pablo continuó predicando su sermón. Lea mas en Hechos 20: 7-12

10. Víbora no Pudo Envenenar a un Predicador

Después de que una víbora venenosa mordió a Pablo, las personas que estaban presentes pensaron que moriría. Sin embargo, el apóstol no se preocupó; simplemente se sacudió a la víbora de su brazo. Horas mas tarde todos estaban sorprendidos que estuviera vivo. Por esta razón , muchos enfermos vinieron a el buscando sanidad. Lea mas en: Hechos 28: 1-10

Los Milagros de la Historia de la Iglesia.

Acaso ya pasó la era de los milagros? Dejaron de ser los milagros después de los apóstoles? Yo creo que la respuesta a estas dos preguntas es un "No." Dios ha estado llevando a cabo milagros durante toda la historia de la iglesia. El poder sanador de Dios funciona en todos los siglos, en todas las generaciones y para todas las personas que tengan fe para creer.

Yo creo que Jesús es el mismo ayer, hoy y para siempre, si Jesús sanó cuando Él estaba en la Tierra, Él sanará para siempre. Si realmente es cierto que los milagros no han dejado de ser, debe de existir documentación durante los últimos dos mil años. Durante una reexaminación cuidadosa, encontramos que el poder de sanidad nunca ha dejado de ser sino solo en aquellos que no han creído. Vamos a ver algunos testimonios de sanidad a través de los siglos.

Un padre de la primera iglesia, **Polycarp** (69- 155 A.D.) se sentó a los pies del apóstol Juan a escuchar sus historias sobre Jesús. En una carta a la iglesia de Filipo, él exhorta a los ancianos de la iglesia para que oren por los enfermos. Por que les pediría que oraran por los enfermos si ya no existía la sanidad?

Clemente (¿-95 años D. De C), un pastor de la iglesia de Roma, escribió instrucciones detalladas para los ministros que visitan a los enfermos. Él dijo, "Por lo tanto que ellos, con oración y ayuno, lleven acabo su intercesión y no con sus palabras bien ordenadas, sino como hombres que han recibido el don de sanidad confiadamente, para la gloria de Dios." Justin Martyr (100-165 D. De C.) un escritor de gran influencia, filosofo y evangelista en el siglo segundo que fue degollado por el gobierno Romano por sus creencias. Él enfatizó que los Cristianos "Han sanado y sanan."

Irenaeus (125-200 D. De C) escribió una serie de libros en contra de la falsa doctrina durante en la primera iglesia. Él explica que los cristianos "aun sanan a los enfermos imponiéndoles manos y ellos sanan. Si, y aun como ya lo he dicho, aun los muertos son levantados."

Tertulian (160 – 240 D. De C) ministrando en el Norte de África. Él recuerda los testimonios de sanidad de tanto los hombres distinguidos como hombres sencillos que fueron sanados.

La sanidad era una parte importante de la primera iglesia durante esos primeros doscientos años, pero después surgieron problemas.

Origen (185-284 D de C) notó que los milagros eran menos frecuentes. Él mencionó la abundancia de milagros y eventos supernaturales en el tiempo de Cristo y de los Apóstoles, después dice, "pero desde este tiempo los milagros han disminuido," Lo interesante es que menciona la razón por lo que disminuyeron al mencionar que no había sanidades por la falta de santidad entre los creyentes.

Cuando **Constantino** declaró que el Cristianismo era la religión del estado en el año de 313, muchos se unieron a la iglesia para obtener beneficios políticos. Esto cambió el enfoque del Cristianismo de ser un movimiento que se llevaba a cabo en los hogares a algo que se llevaba a cabo de manera mas estructurada enfatizando la liturgia y el liderazgo de los obispos. Solo los sacramentos que llevaban a cabo los ministros ordenados se consideraban por medio de gracia. Esto ocasionó que los dones Espirituales en los Cristianos no ordenados se secaran. Como resultado, las sanidades y los milagros disminuyeron en manos de los sacerdotes y obispos establecidos por el proceso político.

Mas adelante se formó un movimiento religioso. Estos eran grupos de hombres que se hacían monjes para poder dedicar sus vidas a la oración. Estos hombres vivían unas vidas austeras y sencillas para poder enfocarse en la búsqueda de Dios. Aun cuando algunos monjes decidieron que la cantidad de sufrimiento que soportaran era señal de su devoción a Dios, otros monjes desarrollaron reputaciones de oraciones poderosas y sanidades milagrosas.

Por ejemplo, **Anthony** (251-356 D de C.) a quien se le acredita haber creado el movimiento monástico, frecuentemente oraba por los enfermos y echaba fuera demonios.

Atanasias (295-373 D de C) Escribe de una ocasión en la que muchos enfermos se reunieron afuera de la cueva de Antonio pidiendo oración. Cuando Antonio salió, "Por medio de el Señor sanó a mucha gente y liberó a otros de espíritus malignos."

Jerome (347 – 420 D de C) escribe de otro monje, Hilarión (305 – 385 D de C) que descubrió a un hombre paralizado que estaba tirado cerca de su casa. Luego, "sollozando y estrechando su mano a el hombre le dijo, 'Te digo en el nombre de nuestro Señor Jesucristo, levántate y camina' Aun estaba el pronunciando estas palabras cuando, con una velocidad milagrosa, sus extremidades fueron fortalecidas y el hombre se levantó."

Ambrose (349 – 397 D de C), un obispo de Milán, sanó a un hombre ciego y escribió "Al dar el Padre el don de sanidad, también el hijo da."

Agustín (354 – 430 D de C.) uno de los autores de mas influencia en el Cristianismo. En los primeros años de su ministerio desecha lo supernatural de la experiencia de la iglesia. Él dice, "que el testigo de la presencia del Espíritu Santo ya no se da por los milagros, sino por el amor de Dios en nuestros corazones por la iglesia." Sin embargo, mas adelante en su vida cambio de opinión y escribió sobre muchos eventos supernaturales que experimentó.

En su trabajo, La Ciudad de Dios, Agustín dice, "Pues aun en el día de hoy los milagros son hechos en el nombre de Jesús." Después proporciona una lista de milagros que experimentó personalmente incluyendo: "sanidad de ceguera, cáncer, gota, hemorroides, liberación y aun muertos resucitados." Desafortunadamente, las opiniones anteriores de Agustín con respecto a los milagros influenciaron a las siguientes generaciones de hombres de letras. Aun cuando escribió sobre los milagros años mas tarde, sus primeros escritos son responsables por la creencia que los milagros ya no existen.

A pesar de esta creencia, los milagros continúa en las vidas de muchos creyentes. **Benedicto** (480 – 547 D de C.) una vez oró por un monje muerto que había sido aplastado por una pared que cayó de un monasterio. El cuerpo fue puesto en su habitación y Benedicto oro por el durante una hora. Al final de este tiempo, el monje se levantó de los muertos y regresó a trabajar en esa misma pared. Existen muchas historias como esta que se llevaron a cabo en los años 500 a 1000 D de C. La mayoría de estas se utilizaron para la santidad de los individuos. Muchos enfermos viajaron a las tumbas de estas personas para buscar sanidad. Algunas iglesias coleccionan restos que se dice poseen el poder de sanidad. Estos restos pueden incluir huesos de los santos, pedazos de la cruz verdadera, mantos, la cabeza de Juan el Bautista, las túnicas de los santos u otros objetos santos de la historia que sirven como punto de contacto para los que creen en los milagros.

Lideres nuevos surgieron que iniciaron el movimiento del «cura viajero". Estos hombres tomaron votos de pobreza, castidad y obediencia. así como los discípulos de Jesús, viajaron y predicaron sin llevar con ellos dinero o ropa adicional. Se reportaron muchos milagros en sus ministerios.

Bernardo de Clairvaux (1090 – 1153) sanó a los paralíticos, mudos, ciegos y muchos otros que venían a el buscando ser sanados. Un niño que había sido sordo mudo de nacimiento, empezó a hablar después de que Bernardo había orado por él. La multitud que presenció el milagro gritaba cuando los santos pusieron al niño en una banca para hablar con ellos.

Hildegard de Bingen (1098 – 1179) fue una mujer que fluía en milagros. Cuando venía a ella las personas que querían oración, ella utilizaba diferentes métodos para sanar de acuerdo a lo que el espíritu decía. "En algunas ocasiones con oración, en otras ocasiones una orden sencilla, en otras agua, que en una ocasión sanó una lengua paralizada." Se decía que "rara vez venía una persona que no fuera sanada"

Francisco de Asís (1181 – 1226) influencio el cristianismo y fundó la orden de los franciscanos. La predicación de Francisco se acompaño de señales y maravillas. En una ocasión que predicaba en Narni, oró por una hombre que estaba completamente paralizado. Después de que Francisco hizo la señal de la cruz sobre su cabeza, el hombre brincó y empezó a caminar.

Tomas Aquinas (1225 – 1274 D de C) en una ocasión visitó el Vaticano. El Papa con orgullo le mostró todos los tesoros de la Iglesia: oro, plata, las hermosas pinturas y obras de arte. El papa con orgullo dijo a Aquinas, "Ya no puede decir la iglesia oro y plata no tengo," Aquinas con tristeza dijo, "y tampoco puede decir la iglesia levántate y anda." Sabía que el enfoque de la iglesia había cambiado del poder celestial a la riqueza mundana.

Aquinas fue un hombre de gran poder. Con frecuencia se le llamó un genio por su conocimiento, sabiduría y habilidades como autor. Y experimento muchos milagros en su ministerio. Un papa declaró que Aquinas hizo tantos milagros como había artículos en el libro famoso Suma Teológica.

Vicente de Farrier (1350 – 1419) fue sanado de una enfermedad después de ver una visión de Cristo y empezó su ministerio como resultado de su experiencia personal con el poder sanador de Dios. Cuando él estaba predicando en Holanda, él oró por los enfermos a cierta hora cada día por la gran necesidad de personas que necesitaban un milagro.

Durante la reforma, se puso un nuevo énfasis sobre la importancia de la Palabra de Dios y sobre la fe necesaria para la salvación. Los reformistas predicaban un mensaje que enfatizaba la sanidad del alma que es mas importante que la sanidad del cuerpo. Pero aun Martín Lutero (1483-1546) ocasionalmente oraba por los enfermos. En una ocasión un buen amigo de Lutero, Felipe Melancthon, se enfermo. Lutero oró por el confesando todas las promesas de sanidad en las Escrituras. Después tomo a Melancthon de la mano y le dijo, "Ten animo, Felipe no morirás." El hombre fue sanado y pronto volvió a gozar de una buena salud.

John Hus (1373-1415) fue el líder de los hermanos Moravos quienes encendieron uno de los mayores movimientos misioneros de la historia por su dedicación a la oración. Una de sus historias cuenta, "Esta probado, tanto por hechos como por las Escrituras, que siempre habrá [dones de milagros y sanidades] donde exista la fe y nunca estarán completamente separados."

George Fox (1624-91), un Cuáquero, llevó cuenta de cientos de milagros, Una de las historias de su diario es sobre la sanidad de John Banks. Este hombre tenia un dolor espantoso en su brazo derecho. Buscó sanidad con los médicos pero ninguno de ellos le podía ayudar. Fox impuso manos sobre él, y un par de horas después, el brazo fue completamente restaurado.

John Wesley (1703-91) quien inicio el movimiento Metodista fue un predicador dinámico trayendo salvación a Inglaterra. Wesley testifica haber sido sanado de manera supernatural varias veces.

En una ocasión, él cayó enfermo un viernes y para el domingo, ya casi no podía levantar la cabeza de la almohada. Él cuenta, "Estuve recostado la mayor parte del día, solo en esa postura podía estar. En la noche, además del dolor de cabeza y de espalda y la fiebre que continuaba al yo empezar a orar me empezó una tos que casi no me dejaba hablar. En ese momento vino a mi mente, "Estas señales acompañaran a los que creen. 'Yo clame a Jesús en voz alta para aumentar mi fe y para confirmar la palabra de Su gracia. Cuando aun estaba hablando, mi dolor terminó, la fiebre me dejo, regresó la fuerza a mi cuerpo y durante algunas semanas no sentí dolor ni cansancio. A ti Oh Señor doy las gracias."

La intención de Dios no es una iglesia sin poder. Jesús les dio a los discípulos originales el poder de sanar y este poder nunca ha sido quitado de la iglesia. Ha sido ignorado, ridiculizado y dudado; pero el poder para sanar ha existido en cada generación para aquellos que creen.

Palabras de los Grandes Evangelistas de Sanidad.

Durante el ultimo siglo ha existido una explosión de poder sanador nunca visto en la historia de la iglesia. Esto es una señal de la inminente venida de Cristo Jesús. Vamos a ver lo que han dicho los grandes evangelistas acerca de la sanidad.

"No tengan temor de pedir, pues Dios esta en su trono dispuesto a contestar sus peticiones." -**Smith Wigglesworth**

"La enfermedad, así como el pecado, es el enemigo de Dios, y la obra del enemigo y nunca será la voluntad de Dios."
-John Alexander Dowie

"Amados, no hemos empezado a tocar el borde del conocimiento del poder de Dios." **-John G. Lake**

"El pecado y la enfermedad han pasado de mi al Calvario – la salvación y la sanidad han pasado del Calvario a mi." **-F.F. Bosworth**

Mujer fué libre de demonios

"Mi nombre es Yasmeen y tengo veintiséis años de edad. Por muchos años he sido atormentada por demonios. Ellos sacuden mi cama en el medio de la noche y me mantienen despierta con horribles pesadillas.

Dieciocho meses atrás, vi un cartel publicitario del Festival de Milagros en el Barrio Medina, de Faisalabad aquí en Pakistán. El cartel anunciaba que Jesús podía hacer libres a las personas. Fui con la esperanza de encontrar libertad de los espíritus malos que me oprimían.

En la primera y segunda noche del festival, trate de escuchar el mensaje pero los demonios se mantenían robándome las ideas y pensamientos de mi mente. Pude sentir los demonios cubriendo mis oídos así que no podía escuchar.

Pero en la tercera noche del Festival, el extranjero que estaba hablando tomó autoridad sobre todo espíritu demoniaco en el Nombre de Jesús. Él ordenó que salieran del campo del festival, y de repente, pude pensar con claridad.

El predicador pidió a la multitud orar a Jesús para el perdón de los pecados. Yo grité a Jesús que me salvara e inmediatamente fui llena con gran paz.

Nunca más los demonios me atormentaron. Después de que el Festival terminó, Empecé a asistir a la iglesia en una casa local, que conocí a un distancia cerca de mi casa. Comencé a leer la Biblia y orar cada día. He servido a Jesús durante dieciocho meses. Yo le amo con todo mi corazón, y estoy tan agradecida por todo lo que Jesús ha hecho por mí"

"La sanidad divina es maravillosa, pero la sanidad divina es como la carnada en el anzuelo. No le muestras el anzuelo al pez, le muestras la carnada. Si se come la carnada se come el anzuelo también. Si un hombre es sanado y puede ver el poder de Dios... el entonces será un creyente." **-Willian Branham**

"El plan de Dios para Sus santos es mas que la sanidad divina. Es salud divina." **-Gordon Lindsey**

"Espera un milagro" **-Oral Roberts**

"Las personas necesitan tener evidencia del evangelio y evidencia que Cristo esta vivo." **-T.L. Osborn** (Recientemente el Dr. Osborn oro por mí, "Señor que Daniel sea un gran conductor del poder de Dios... ¡Yo pido que el poder sanador de Dios este en él!")

"¡No soy una mujer de gran fe – soy una mujer con una fe pequeña en un gran Dios!" **-Kathryn Kuhlman**

"El consejo de Marilyn Hickey para aquellos que quieren un ministerio poderoso como el de ella es, "No se puede cortar camino. Debe estudiar la Palabra de Dios durante cuatro o cinco horas diarias y además dedicar mas tiempo a la oración." **-Marilyn Hickey**

"¡Lo que se considera grandioso el día de hoy será lo normal mañana!" **-Reinhard Bonnke**

"Ya no seguirá las señales, las señales le seguirán a usted." **-Benny Hinn**

El Poder de la Sanidad

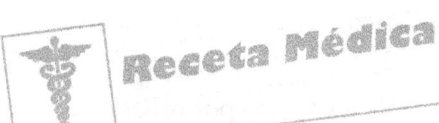

" Querido amigo, espero que te encuentres bien, y que estés tan saludable en cuerpo así como eres fuerte en espíritu."
(3 Juan 1:2)

Dr. Jesus

ORACIÓN DE SANIDAD

Amado Padre Celestial,
Yo creo que tu has perdonado todos mis pecados y sanado todas mis enfermedades. Tu deseas mas que todo que yo viva en sanidad.

Hace dos mil años Jesús murió por mí en la cruz para pagar el precio por mis pecados y para comprar mi sanidad. Por sus llagas he sido sanado.

Tú eres el Dios que sana mis enfermedades. Tu sanaste a los Israelitas durante el Antiguo Testamento y Jesús sanó a los enfermos durante el Nuevo Testamento. Tu no cambias con el tiempo. Tu eres el mismo ayer, hoy y para siempre. Yo creo que tu poder sanador funciona igual hoy como cuando Jesús camino sobre la Tierra.

Yo renuncio a todo poder de Satanás en mi vida. Reprendo a todo demonio de enfermedad y le ordeno a Satanás que me deje en paz. Yo soy un hijo(a) de Dios y nada me puede hacer mal. Me arrepiento de todo pecado, rompo toda maldición de generaciones y ordeno a la enfermedad que deje mi cuerpo.

Tu me creaste y tu puedes restaurar mis órganos. Tu Palabra dice, "Cualquier cosa que pidáis en oración, creyendo que lo habéis recibido, será hecho." Yo creo que eres fiel a tu palabra. Señor, te estoy pidiendo sanidad, yo creo que he sido sanado y recibo mi sanidad ahora mismo.

En el poderoso nombre de Cristo Jesús, Amen.

El Autor:

Daniel King y su esposa Jessica se conocieron en el centro de África, ambos estaban en un viaje misionero. Ellos son muy solicitados como conferencistas en iglesias y conferencias en toda América del Norte.

Su pasión, energía y entusiasmo son disfrutados por audiencias a donde quiera que vayan. Son evangelistas-misioneros internacionales que hacen festivales masivos, ganadores de almas, en países de todo el mundo. Su pasión por los perdidos les ha llevado a más de 50 naciones predicando el evangelio a multitudes que a menudo superan las 50 mil personas.

Daniel fue llamado al ministerio cuando tenía la edad de cinco años, y comenzó a predicar cuando tenía seis. Sus padres se convirtieron en misioneros a México cuando él tenía diez, y cuando él tenía catorce empezó un ministerio infantil que le dio la oportunidad de ministrar en iglesias de las más grandes de América, cuando todavía era un adolescente. A la edad de 15 años, Daniel leyó un libro en el que el autor motiva a la gente joven a ganar $1,000,000. Daniel reinterpreto el mensaje y decidió ganar 1,000,000 de personas para Cristo cada año.

Daniel es autor de veintiún libros incluyendo: El Poder de la Sanidad. El Secreto de Obed-Edom y el Poder del Fuego. Su libro Bienvenidos al Reino ha sido dado a decenas y centenas de miles nuevos creyentes.

DESCUBRE VALIOSOS RECURSOS

EL PODER DE LA SANIDAD

¿Necesitas sanidad? Este libro lleno de poder contiene 17 verdades, para activar su sanación hoy.

$20.00

EL PODER DEL FUEGO

Dentro de estas páginas usted aprenderá a ¿cómo tener el fuego de Dios? ¡Mantener el fuego de Dios! y a ¡Propagar el fuego de Dios!

$12.00

¡BIENVENIDOS AL REINO!

El libro perfecto para los nuevos creyentes. Aprenda cómo ser salvo, sanó, y entregado. (Disponible en descuentos por volume).

$20.00

LLAME AL: 1-877-431-4276
PO Box 701113
TULSA, OK 74170 USA

VISÍTENOS EN EL INTERNET EN:
WWW.KINGMINISTRIES.COM

La visión de King Ministries es de evangelizar a los perdidos, enseñar, capacitar y edificar
el cuerpo de Cristo en todo el mundo.

Si quisiera que Daniel King visite su iglesia, escriba:

King Ministries International
PO Box 701113
Tulsa, OK 74170 USA

King Ministries Canada
PO Box 3401
Morinville, Alberta T8R 1S3 Canada

O llame al:1-877-431-4276
(en los Estados Unidos)

o visítenos en el Internet en:
www.kingministries.com

E-Mail:
daniel@kingministries.com

www.ingramcontent.com/pod-product-compliance
Lightning Source LLC
Chambersburg PA
CBHW071214160426
43196CB00012B/2294